VIEW OF LABOUR
IN THE NEW ERA

新时代劳动观

陶志勇 著

中国工人出版社

目　录

民对美好生活向往的价值追求、坚守维护劳动者合法权益的责任担当、形塑当下中国人精神风貌的路径思索。

第二章　新时代劳动观的历史维度：历史嬗变中的劳动审视

对劳动的不同理解呈现出对历史观的不同理解。从新时代劳动观的历史维度考察，劳动是人类的本质活动、是社会发展的重要动力。它为我们党坚持以人民为中心的发展思想提供了理论支撑，是党的全心全意依靠工人阶级方针的重要理论基础。

第三章 新时代劳动观的价值维度：价值创造和价值引领的双重特质

劳动作为人类社会一切物质财富和精神财富的源泉，在人类生存与发展中具有根本作用。从新时代劳动观的价值维度深入研究，劳动具有价值创造和价值引领的双重特质。劳模精神、劳动精神、工匠精神“三大精神”标定了新时代的精神坐标。

第四章 新时代劳动观的正义维度：劳动世界的公平法则

劳动正义客观上要求尊重一切劳动、尊重在一切劳动形式下从事劳动的主体——劳动者，充分保障劳动者的就业权、社会保障权，构建和谐劳动关系。尤为重要的是，坚持分配正义这一最朴素的社会法则，共建共享劳动成果。没有分配正义，就没有劳动正义；没有劳动正义，就没有社会正义。

第五章 新时代劳动观的幸福维度：本质属性的自然回归

"劳动是财富的源泉，也是幸福的源泉。"幸福劳动思想在新时代劳动观的思想谱系中居于关键地位，深刻揭示了劳动与幸福之间的关系，关乎人类幸福的复归。把劳动与成功、幸福联系起来，进一步丰富了马克思主义劳动范畴，直接指向共产主义的终极美好。

从教育的维度审视新时代劳动观，劳动教育是一种复合的教育。除了它表面的字义“劳育”这一概念外，还隐含着劳动实践的教育、劳动价值导向的教育。劳动教育重在劳动价值取向、劳动态度、劳动品德方面的培育，这些都触及人的灵魂深处。

实践的观点是唯物史观首要的基本观点。劳动的一切功能和作用，都需要靠实践来体现和完成。劳动创造历史是劳动实践的过程呈现，劳动创造价值是劳动实践的结果，劳动成果的分配正义是劳动实践持续的动力源，劳动创造幸福是劳动实践的初衷，劳动教育是劳动实践的主体功能和价值的承载。

新时代劳动观是一个内容广博、思想深刻、系统完整、逻辑严密的科学理论体系，体现了理论逻辑、历史逻辑、实践逻辑的有机统一，劳动情怀、人民情怀、家国情怀的有机统一，创新思维、辩证思维、系统思维的有机统一，具有鲜明的理论特质，为我们从历史走向未来提供了理论指引。

导 论

新时代劳动观的时代价值

想要观照人类社会历史现实，劳动是起点。劳动是马克思主义理论的核心范畴。马克思主义劳动观的诞生是人类发展史上的一座丰碑，新时代劳动观是对马克思主义劳动观的继承、创新和发展。

想要观照人类社会历史现实，劳动是起点。劳动是人类所特有的一种有意识、有目的的社会实践活动，是人用自己的体力、脑力，以自身的活动来调整和控制人与自然之间的物质、能量、信息的交换过程，是人的生存条件和存在方式，也是社会存在和发展的基础。马克思指出，“劳动作为使用价值的创造者，作为有用劳动，是不以一切社会形式为转移的人类生存条件，是人和自然之间的物质变换即人类生活得以实现的永恒的自然必然性”。[①]劳动是马克思主义理论的核心范畴。马克思主义劳动观的诞生是人类发展史上的一座丰碑。

新时代劳动观是对马克思主义劳动观的继承、创新和发展，它的形成既是五千年中华文明积淀的历史传承，也是努力实现人民对美好生活向往的价值追求；既是坚守维护劳动者合法权益的责任担当，也是形塑当下中国人精神风貌的路径思索。其内容涵盖劳动历史、劳动价值、劳动正义、劳动幸福、劳动教

① 《马克思恩格斯文集》（第5卷），北京：人民出版社，2009年，第56页。

育、劳动实践等六大方面，指涉经济社会发展的主要内核，构成了一个完整的理论图谱。新时代劳动观推进了马克思主义劳动观的中国化、时代化、大众化。研究探索新时代劳动观，既有重大的理论意义，也有重大的实践意义。

第一节　新时代劳动观的思想内核

一、马克思主义劳动观的诞生是人类发展史上的一座丰碑

“劳动”是马克思历史唯物主义和剩余价值理论“两个伟大发现”的基石。作为马克思主义理论的核心范畴，助力社会主义从空想转变为科学。马克思主义劳动观作为一个整体，从客观必然性（生产劳动）和主观条件性（雇佣劳动）的角度来谈论劳动，一方面肯定劳动的自我实现，另一方面否定劳动的满足需要。前者指马克思通过对劳动的分析，建立了历史唯物主义；后者指马克思在批判资本主义社会的过程中认清了现实，建立了剩余价值学说。

1. 劳动与历史唯物主义

劳动的观点是唯物史观首要的和基本的观点。一方面，劳动与人的历史密不可分。劳动首先是人的本质活动，这种活动是自由的、自愿的，它还是人们能够存在的方式，人的历史就是劳动造就的。历史是人的历史，说明历史的前提是说明人，而说明人的前提是对人的本质作出规定。在《1844 年经济学哲学手稿》中，马克思提出："抓住劳动的本质，把对象性的人、现实的因而是真正的人理解为人自己的劳动的结果。"[①] 在人与劳动的关系中，正是由于劳动，人才成其为人。"可以根据意识、宗教或随便别的什么来区别人和动物。一当人开始生产自己的生活资料，即迈出由他们的肉体组织所决定的这一步的时候，人本身就开始把自己和动物区别开来。"[②]

另一方面，劳动与社会的历史浑然一体。一部劳动史就是一部社会史。马克思说："整个所谓世界历史不外是人通过人

① 《马克思恩格斯文集》（第 1 卷），北京：人民出版社，2009 年，第 205 页。

② 《马克思恩格斯文集》（第 1 卷），北京：人民出版社，2009 年，第 519 页。

的劳动而诞生的过程。”[1] 劳动是社会历史的核心和基础。“我们首先应当确定一切人类生存的第一个前提，也就是一切历史的第一个前提，这个前提是：人们为了能够‘创造历史’，必须能够生活。但是为了生活，首先就需要吃喝住穿以及其他一些东西。因此第一个历史活动就是生产满足这些需要的资料，即生产物质生活本身，而且，这是人们从几千年前直到今天单是为了生活就必须每日每时从事的历史活动，是一切历史的基本条件。”[2]

劳动创造了人本身，是历史唯物主义的重要命题。马克思所论述的劳动，既不是国民经济学所认为的是财富的来源且是唯一的来源，也不是维持生命之需的手段，而是他后来在论述共产主义时所阐述的——人的第一需要。马克思将劳动提升到人的类本质（自由自觉的存在物）的地位和高度，区分了人和动物的本质区别，在创造和使用劳动工具中实现着祛魅和超越，并把劳动看作人类创造历史的推动力，由此推导出：劳动创造

① 马克思：《1844 年经济学哲学手稿》，北京：人民出版社，2000 年，第 92 页。

② 《马克思恩格斯文集》（第 1 卷），北京：人民出版社，2009 年，第 196 页、第 531 页。

了历史。这不仅科学地回答了人类的起源问题，而且体现了马克思主义哲学的逻辑起点和历史起点的有机统一，深化了马克思主义哲学自然观和历史观的有机统一的思想。马克思不仅赋予了劳动的承担者——人以主体地位，还在人类自身生存发展这一存在论上关注了社会现实问题，最终据此创立了历史唯物主义理论，从而使马克思主义哲学走向了成熟。

2. 劳动与剩余价值理论

劳动问题不仅是马克思切入和批判国民经济学要害的关键点，也是他发现剩余价值理论的重要概念。马克思在资本主义生产方式下，研究生产劳动，发现了剩余价值理论。列宁多次谈到马克思的著作《剩余价值理论》，并在自己的著作中广泛加以利用。[①] 剩余价值理论从价值的创造者而言，是指劳动者创造的超过自身劳动力价值的那一部分价值。劳动者自身劳动力价值是由维持劳动力的生产和再生产所必需的生活资料的费用决定的，其中包括劳动者本人及其家庭的基本生存、知识教育、技能培养等费用。剩余价值是雇佣工人创造的、被资本家无偿占有的超过劳动力价值的价值，它是雇佣工人剩余劳动的凝结，

① 阿·弗·图舒诺夫：《〈剩余价值理论〉及其在马克思的经济学说中的地位》，北京：人民出版社，1982 年，第 3 页。

体现了资本家和雇佣工人之间剥削和被剥削的关系，由此揭示了资本主义剥削的秘密所在。马克思认为，资本主义生产的实质就是剩余价值的生产，剩余价值规律是资本主义的基本经济规律，它决定着资本主义的一切主要方面和矛盾发展的全部过程，决定着资本主义生产的高涨和危机，决定着资本主义的发展和灭亡，预示了资本主义必然灭亡和社会主义必然胜利的发展规律。[①]

马克思主义劳动观的诞生，是人类劳动学说史上的一座丰碑，甚至可以说是人类发展史上的一座丰碑。它第一次全面阐述了劳动在人类社会发展中的决定性作用，由此揭示了人类社会从原始社会、奴隶社会、封建社会、资本主义社会、社会主义社会，直至共产主义社会发展的一般规律，绝对是一个伟大的创见！在马克思主义经典著作中，有针对劳动现象的海量哲学性论述。从一定意义上讲，马克思的思想体系是围绕着劳动问题展开的。劳动观既是马克思主义哲学的逻辑起点，又是它的核心内容。马克思主义哲学主要研究人与自然、人与社会、人与人之间等人类三大基本关系问题，在自然—人—社会这一

---

① 涂晓今：《新编政治经济学》，北京：人民出版社，2009 年，第 147 页。

范畴链中，劳动是这三大基本关系得以实现的中介。正是在这个意义上，恩格斯指出，马克思和自己形成的“新派别”，“在劳动发展史中找到了理解全部社会史的锁钥”[①]。

二、新时代劳动观是对马克思主义劳动观的继承和发展

新时代劳动观与马克思主义劳动观一脉相承，继承了其核心思想，同时又融入了中国元素、凸显了时代特点，创造性地发展了马克思主义劳动学说。其内容涵盖劳动历史、劳动价值、劳动正义、劳动幸福、劳动教育、劳动实践等六大方面，是一个逻辑严密、系统完整的理论体系。从历史、价值、正义、幸福、教育、实践等六个维度审视新时代劳动观，又可以细分为相对独立而又联系紧密的劳动历史论、劳动价值论、劳动正义论、劳动幸福论、劳动教育论、劳动实践论。

——劳动历史论的科学论断告诉我们：劳动是人类的本质活动，“历史什么事情也没有做”[②]，整个世界历史不外是人通过

① 《马克思恩格斯文集》（第4卷），北京：人民出版社，2009年，第313页。

② 列宁：《哲学笔记》，北京：人民出版社，1993年，第19页。

人的劳动而诞生的过程，劳动不仅是人类生存和发展的前提，也是人类改造客观世界和主观世界的基础。劳动也是社会发展的重要动力。在漫长的历史长河中，正是千百万劳动人民以辛勤劳动，把人类文明不断推向前进。人民的奋斗和劳动，创造了历史、书写着当代、成就着未来。劳动创造了中华民族，造就了中华民族的辉煌历史，也必将创造出中华民族的光明未来。新时代的答卷要靠劳动来书写，人民对美好生活的向往也要靠奋斗来实现。我们党坚持“全心全意依靠工人阶级的方针”、坚持“以人民为中心的发展理念”，正是劳动历史论在我国现实生活中的生动呈现。

——劳动价值论的科学论断告诉我们：劳动作为社会一切物质财富和精神财富的源泉，在人类生存与发展中具有根本作用。全面建成小康社会，进而建成富强民主文明和谐美丽的社会主义现代化国家，根本上靠劳动、靠劳动者创造，要让劳动光荣、创造伟大成为铿锵的时代强音。同时，劳动本身具有价值引领的作用，劳模精神、劳动精神、工匠精神标定了我们所处新时代的精神坐标。这“三大精神”是同宗同源的有机体，具有重大的政治号召意义、理论指引意义、实践导向意义，在实践中需要总体把握、一体弘扬、统筹推进。全社会要崇尚劳动、见贤思齐，大力弘扬爱岗敬业、争创一流、艰苦奋斗、勇于创新、淡泊名利、甘于奉献的劳模精神，大力弘扬崇尚劳动、热爱劳动、辛勤劳动、诚实劳动的劳动精神，大力弘扬执着专注、精益求精、一丝不苟、追求卓越的工匠精神，让劳模精神、劳动精神、工匠精神焕发出灿烂的时代之光。

——劳动正义论的科学论断告诉我们：劳动在实现人类社会公平公正的进程中，始终扮演着重要角色，发挥着举足轻重的作用，是人类通往正义之路的必然选择。劳动是社会必须围绕其旋转的“太阳”。马克思有一句经典名言：“只要社会还没有围绕着劳动这个太阳旋转，它就绝不可能达到均衡。资本主义及其他阶级社会之所以不和谐，就在于颠倒了劳动与社会的关系。”[①] 我们提出构建社会主义和谐社会，就是要把颠倒了的劳动与社会的关系再次倒过来，实现正本清源。这其中，最为核心的是要解决好收入分配问题，以此为牵引，带动解决劳动就业、社会保障、劳动安全卫生、和谐劳动关系构建等问题。没有分配正义，就没有劳动正义；没有劳动正义，就没有社会正义。共建共享劳动成果、实现人民共同富裕，是自古以来我

① 《马克思恩格斯全集》（第 18 卷），北京：人民出版社，1964 年，第 627 页。

国人民的一个基本理想，也是中国特色社会主义的本质属性和内在要求。

——劳动幸福论的科学论断告诉我们：实现幸福劳动，是劳动本质属性的体现、我国经济社会发展的必然、中国共产党人使命的驱使、未来劳动世界的目标。劳动是一切幸福的源泉，劳动创造幸福的重要内容是快乐，让人体验到快乐、感觉到幸福；劳动是人主观地“按照美的规律来构造”[①] 的活动，是创造美的源泉，让人身心愉悦、充满幸福；劳动本身就是幸福的体现。在幸福劳动状态下，意味着我劳动我愿意、我劳动我喜欢、我劳动我做主、我劳动我受益、我劳动我美丽，最终也就有了我劳动我幸福。幸福劳动，是自由的劳动，是合乎人性的劳动，是人的存在方式，也是人之为人的本质，是通往美好生活的起点和归宿。我国社会不同程度地存在着异化劳动的问题，幸福劳动还有不少现实之痛，必须加快发展社会生产力、健全完善劳动保障法规政策、引导激励劳动者不懈奋斗，为幸福而奋斗，在劳动中谋幸福。历史不停地向前推进，人类幸福、自由的体现必定会更加充分、更加具体。立足新发展阶段，在迈向全面

① 《马克思恩格斯文集》（第 1 卷），北京：人民出版社，2009 年，第 162–163 页。

建设社会主义现代化国家新征程中，我们要奋力实现劳动的回归，打造一个属于劳动者的时代，让人们更有尊严、更加智慧、更加优雅、更加幸福地生活，真正实现国家富强、民族振兴、人民幸福，为最终实现共产主义的终极美好铺下正途。

——劳动教育论的科学论断告诉我们：劳动教育是一种复合的教育，从“劳动实践”层面上讲，教育必须和劳动相结合；从“劳育”层面上讲，它与德育、智育、体育、美育相并列，在新时代“德智体美劳”教育体系中占有重要的一席之地；从“劳动的价值观”层面上讲，劳动教育重在劳动价值取向、劳动态度、劳动品德方面的培育。劳动具有与生俱来的教育功能，劳动造就“全面发展的人”，生产劳动和教育的结合是改造社会的最强有力手段。劳动教育不是一种独立的教育形式，而是各种教育的统领。它是人生的第一教育，在育人方面具有根和魂的作用，为人的成长进步提供了底层逻辑，直接决定社会主义建设者和接班人的劳动精神面貌、劳动价值取向、劳动技能水平。社会主义劳动教育的核心目标是促进全社会形成正确的劳动价值观，要教育引导全社会特别是青少年学生认识到劳动的独特价值，把劳动的理念和行为渗透到生活、学习、工作的各个环节。要以法律制度形式规定劳动教育主体，明确各劳动教育主体的职责，建立劳动教育评价、督导机制。要以尊重劳动为核心，对学生进行全方位的思想教育，培育积极端正的劳动态度和踏实肯干的劳动品德，养成良好的劳动习惯，在动手动脑、出力出汗中播撒崇尚劳动的种子，在锻炼体格、磨炼意志中涵养艰苦奋斗的精神，在扎根大地的劳动中展现风采、感受快乐、实现成长。

——劳动实践论的科学论断告诉我们：劳动的一切功能和作用，都需要靠实践来体现和完成。社会主义是干出来的，新时代是奋斗出来的。没有等出来的成功，只有干出来的精彩。不干，半点马克思主义也没有！离开劳动，人类将失去推动世界发展进程的力量，甚至造成人的精神的蜕变，人类的一切梦想，将沦为镜花水月。大力倡导辛勤劳动，踏平坎坷成大道，人间万事出艰辛。大力倡导诚实劳动，人世间的美好梦想，只有通过诚实劳动才能实现；发展中的各种难题，只有通过诚实劳动才能破解；生命里的一切辉煌，只有通过诚实劳动才能铸就。大力倡导创造性劳动，这是时代的要求，是当代产业工人的使命，也是其价值所在。创造性劳动需要开放性思维和挑战性实践，需要以扎实的学识和技能做支撑。大力倡导幸福劳动，“让劳动本身成为享受”——体面劳动、舒心工作、全面发展，用劳动托起中国梦、个人梦、幸福梦。

所有这些，构成了新时代劳动观的完整理论图谱，对于解决中国当下的社会现实问题，意义重大而深远。

第二节　新时代劳动观的理论贡献

一、新时代劳动观是习近平总书记关于工人阶级和工会工作的重要论述的理论体现

工人阶级是我们党最坚实最可靠的阶级基础，工运事业是党和国家事业的重要组成部分。党的十八大以来，习近平多次就工人阶级和工会工作发表重要讲话、作出重要指示，截至2020年底，主要文献达77篇之多，提出了一系列新思想、新观点、新论断，科学回答了工人阶级和工会工作的一系列方向性、根本性、战略性重大问题，形成了习近平总书记关于工人阶级和工会工作的重要论述，成为习近平新时代中国特色社会主义思想的重要组成部分，是推进新时代工运事业和工会工作的行动指南。

习近平总书记关于工人阶级和工会工作的重要论述的基

本内涵主要包括：（1）坚持党对工会工作的领导，这是工会工作的政治保证；（2）坚持全心全意依靠工人阶级，这是工会工作的指导方针；（3）坚持为实现中华民族伟大复兴的中国梦而奋斗，这是新时代的工运主题；（4）坚持中国特色社会主义工会发展道路，这是工会工作的发展路径和方向；（5）坚持弘扬劳模精神、劳动精神、工匠精神，这是工会秉持的价值理念；（6）坚持高举维护职工合法权益旗帜，这是工会组织的基本职责；（7）坚持增强政治性、先进性、群众性的工会改革方向，这是工会的前进动力；（8）坚持加强基层工会建设，这是工会的组织基础。[①] 这“八个坚持”，构成了一个完整严密的思想理论体系，为新时代工会工作的创新发展提供了根本遵循。

工会工作与工人、工厂、工会这“三工”问题具有天然联系。上述“八个坚持”可简要地归纳概括为劳动观、工人阶级观、劳动关系观、工会观。工运主题（3）和价值理念（5）可以纳入劳动观；指导方针（2）可以纳入工人阶级观；发展路径和方向（4）、基本职责（6）可以纳入劳动关系观；政治保证（1）、前进动力（7）、组织基础（8）可以纳入工会观。

---

① 李玉赋主编：《中国工会十七大文件汇编》，北京：中国工人出版社，2018 年，第 28–30 页。

理论研究追求彻底。理论越彻底，解释力量就越强。劳动观、工人阶级观、劳动关系观、工会观这“四观”，可以进一步浓缩提炼为劳动观。因为有了劳动，就有了劳动者——工人阶级，劳动实践锻造了工人阶级；因为有了劳动，就会有劳动关系，继而有了劳动关系矛盾的产物——工会，同时工会也是劳动关系双方中劳动者一方的代表。也就是说，工人阶级观、劳动关系观、工会观可以由劳动观派生出来。这样一来，“四观”就可以进一步凝练概括为劳动观。把新时代劳动观作为学习领会重要论述的切入点，窥一斑知全豹，秉纲而目自张，执本而末自从，事半而功倍增，是一个全新的视角，对进一步深化对习近平总书记关于工人阶级和工会工作的重要论述的理论研究与宣传阐释，将起到极大的推动作用。

二、新时代劳动观是习近平新时代中国特色社会主义思想在劳动领域的具体展开

不同的时代会产生不同的问题，而每一时代的思想都是时代问题的“回声”，又引领时代发展的方向。近代以降，无论是发轫于十四世纪的欧洲文艺复兴运动、十八世纪的资产阶级启蒙运动所形成的资产阶级思想体系，还是以 1848 年《共产党

宣言》的发表为标志的马克思主义的诞生，都是在历史发展的关键节点，对时代之问的及时回应。习近平新时代中国特色社会主义思想是对马克思列宁主义、毛泽东思想、邓小平理论、“三个代表”重要思想、科学发展观的继承和发展，是马克思主义中国化最新成果，是党和人民实践经验的总结和集体智慧的结晶，是中国特色社会主义理论体系的重要组成部分，是全党全国人民为实现中华民族伟大复兴而奋斗的行动指南，必须长期坚持并不断发展。新时代劳动观是这一思想在劳动领域的具体展开，是解决中国当下经济社会领域重大现实问题的一把钥匙。

习近平新时代中国特色社会主义思想的核心内容是“八个明确”和“十四个坚持”①，新时代劳动观与这一最新理论的核心思想和要求高度契合。比如，关于“明确坚持和发展中国特色社会主义，总任务是实现社会主义现代化和中华民族伟大复兴”“明确全面深化改革的总目标是完善和发展中国特色社会主义制度，推进国家治理体系和治理能力现代化”②的内容，要实

---

① 中共中央宣传部：《习近平新时代中国特色社会主义思想学习问答》，北京：学习出版社、人民出版社，2021 年，第 15 页。

② 《习近平谈治国理政》（第 3 卷），北京：外文出版社，2020 年，第 15 页。

现这一总任务和总目标，根本上要靠发展，而发展的重要途径就是劳动，激发亿万人民群众的劳动激情和创造活力，用劳动追梦、筑梦、圆梦。比如，关于“明确新时代我国社会主要矛盾是人民日益增长的美好生活需要和不平衡不充分的发展之间的矛盾，必须坚持以人民为中心的发展思想，不断促进人的全面发展、全体人民共同富裕”[①]的内容，劳动是促进人的全面发展的根本手段，通过劳动创造财富，秉持劳动正义，重视劳动要素按贡献参与分配，促进广大劳动者共享劳动成果。共享理念实质就是坚持以人民为中心的发展思想，体现的是逐步实现共同富裕的要求。共同富裕是马克思主义的一个基本目标，也是自古以来我国人民的一个基本理想。同时，在劳动中个人的技术技能素质得以锻造和提升，通过劳动获得个人的成功、幸福和发展。比如，关于“明确中国特色社会主义事业总体布局是‘五位一体’、战略布局是‘四个全面’”[②]的内容，劳动关系是社会中最重要、最基础的关系，影响和决定着其他的社会

① 《习近平谈治国理政》（第3卷），北京：外文出版社，2020年，第15页。

② 《习近平谈治国理政》（第3卷），北京：外文出版社，2020年，第15页。

关系，是经济、政治、文化、社会和生态文明建设“五位一体”总体布局的题中应有之义。比如，关于“明确中国特色社会主义最本质的特征是中国共产党领导”“坚持党对一切工作的领导”[①]的内容，政党是某一个阶级、阶层或集团为实现其根本利益，以取得政权和巩固政权为主要目标而建立起来的政治组织。任何政党都有其阶级基础，代表着一定阶级的意志和利益，是这个阶级的组织者和领导者。中国共产党是马克思列宁主义同中国工人运动相结合的产物，是中国工人阶级的先锋队。工人阶级是党执政的阶级基础。马克思主义劳动观也是中国共产党的建党基础，是动员广大人民群众的有力武器。中国共产党与劳动有天然的紧密联系，党章明确规定“中国共产党党员永远是劳动人民的普通一员”[②]。比如，关于“坚持以人民为中心”“坚持人民当家作主”“坚持在发展中保障和改善民生”的内容，这些都与习近平大力倡导的尊重劳动、公平对待劳动，坚持多劳多得，着重保护劳动所得，增加劳动者特别是一线劳

---

① 《习近平谈治国理政》（第 3 卷），北京：外文出版社，2020 年，第 15 页。

② 《中国共产党章程》（中国共产党第十九次全国代表大会部分修改，2017 年 10 月 24 日通过）。

动者劳动报酬，提高劳动报酬在初次分配中的比重，健全劳动等生产要素由市场评价贡献、按贡献决定报酬的机制，让劳动者共享改革发展成果，促进社会公平正义等理念高度一致。比如，关于“坚持新发展理念”的内容，五大新发展理念中，首先就是创新发展的理念，创新换言之就是一种创造性的劳动，习近平在多个场合都提出过这方面的要求，指出过创新的重点、方法、路径、载体等方面的内容。比如，关于“坚持社会主义核心价值体系”的内容，劳动具有价值引领的作用，劳动没有高低贵贱之分，任何一份职业都很光荣。要在全社会大力弘扬劳模精神、劳动精神、工匠精神，用劳模、工匠的精神和行为影响和带动全社会，努力营造劳动最光荣、劳动最崇高、劳动最伟大、劳动最美丽的社会风气。这些都是坚持社会主义核心价值观的生动实践。

第三节 新时代劳动观的实践基础

一、千年文明积淀的历史传承

新时代劳动观深深扎根于中国传统劳动思想这一肥沃的土

壤并从中汲取养料，是在与中华民族传统劳动观念紧密结合中所产生的劳动思想。

中华民族是一个勤劳智慧的民族，勤劳是我们千百年来的行为倡导和传统美德，是修身、齐家、治国的重要途径。对劳动的肯定和赞美，是中国传统文化的重要内容。史前时代就有诸多歌颂勤劳的神话，诸如因勤劳能干而被尧封赏土地的后稷，因争取更多劳动时间而追逐太阳的夸父，因解救人类于漫长黑夜而辛勤钻木取火的燧人氏等，无一不在勉励和号召人们要勤劳、勇敢。经史子集等古代经典著作中对崇尚劳动的阐释多如牛毛。“一勤天下无难事”“民生在勤，勤则不匮”“功崇惟志，业广惟勤”“勤能补拙”“一生之计在于勤”“俭，德之共也；侈，恶之大也”“赖其力者生，不赖其力者不生”“慎之劳，则富”“农夫不勤则无食，桑妇不勤则无衣，士大夫不勤则无以保家”“不惰者，众善之师也”，等等，不一而足。这些妇孺皆知的话语，都深刻体现出中华民族崇尚劳动的传统美德。不少家规家训也教导子女谨记“天道酬勤、功不唐捐”的“勤劳之风”。勤劳，是我国古代人民创造生活和文明的力量内核，中华儿女用劳动创造了丰富多彩的生活，在劳动中培养了互助、友爱、团结、协作精神。劳动人民在勤劳创造生活的同时，发挥聪明才智，创造了举世瞩目的灿烂文明——栩栩如生的兵马俑、蜿蜒巍峨的万里长城、巧夺天工的都江堰、贯通南北的大运河；浑天仪、地动仪、指南针、素纱禅衣、榫卯结构、记里鼓车，等等，无一不是凝聚劳动者勤劳智慧的伟大成果。自强不息是古代劳动人民战胜困难的智慧之源。当今中国，我们凭着勤劳、智慧、勇气，将许多的不可能变成了可能，特别是改革开放以来用四十多年的时间走完了西方发达国家几百年走过的工业化历程，迎来了从站起来、富起来到强起来的伟大飞跃，中国的发展奇迹被称为“勤劳革命”①。正是因为秉持勤于劳动、善于创造的优秀品质，泱泱华夏虽历经沧桑、饱经磨难，仍巍然屹立于世界东方。

古代先贤的勤劳智慧为新时代劳动观的形成提供了充足的滋养。新时代劳动观正是汲取了中华优秀传统文化的养分而形成的光辉思想。这既是对中华优秀传统文化的一种传承，更是一种发展和创新。

① 肖遥：《勤劳是中华民族的传统美德》，《中国纪检监察报》2020 年 4 月 30 日。

二、实现中华民族伟大复兴中国梦的使命驱使

党的十八大刚刚闭幕不久，习近平参观《复兴之路》展览时，首次提出了实现中华民族伟大复兴是中华民族近代以来最伟大的梦想。他有感而发地讲，经过鸦片战争以来 170 多年的持续奋斗，中华民族伟大复兴展现出光明的前景。现在，我们比历史上任何时期都更接近中华民族伟大复兴的目标，比历史上任何时期都更有信心、有能力实现这个目标。①

如果梦想不付出努力，那就永远只能是梦想。习近平指出："我国仍处于并将长期处于社会主义初级阶段，实现中国梦，创造全体人民更加美好的生活，任重而道远，需要我们每一个人继续付出辛勤劳动和艰苦努力"②，以劳动开创未来，用奋斗实现梦想，新时代我们都是追梦人。2013 年 10 月，习近平在与全总第十六届领导班子集体谈话时强调，我国工人运动的时代主题，是为实现中华民族伟大复兴的中国梦而奋斗。工会要牢

---

① 《习近平谈治国理政》（第 1 卷），北京：外文出版社，2018 年，第 35–36 页。

② 习近平：《在第十二届全国人民代表大会第一次会议上的讲话》，北京：人民出版社，2013 年，第 6 页。

牢抓住这个主题，把推动科学发展、实现稳中求进作为发挥作用的主战场，把做好新形势下职工群众工作、调动职工群众的积极性和创造性作为中心任务，把巩固党执政的阶级基础和群众基础作为政治责任，竭诚为职工群众服务，切实维护职工群众利益，不断焕发工会组织的生机活力。[①] 这就号召广大职工自觉以领跑者的步伐解读中国梦，以劳动者的佳绩共创中国梦，以创新者的姿态拥抱中国梦。

三、实现人民对美好生活向往的价值追求

习近平在党的十九大上强调，中国特色社会主义进入新时代，我国社会主要矛盾已经转化为人民日益增长的美好生活需要和不平衡不充分的发展之间的矛盾。[②] 这意味着我们要在继续推动发展的基础上，着力解决好发展不平衡不充分问题，更好推动人的全面发展、社会全面进步。要自力更生，艰苦创业，

① 《习近平同中华全国总工会新一届领导班子集体谈话》，新华社，2013年10月23日。

② 习近平：《决胜全面建成小康社会 夺取新时代中国特色社会主义伟大胜利——在中国共产党第十九次全国代表大会上的报告》，北京：人民出版社，2017年，第11页。

为把我国建设成为富强民主文明和谐美丽的社会主义现代化强国而奋斗。他鲜明提出，人民对美好生活的向往，就是我们的奋斗目标。[①] 这种强烈的使命感责任感和深深的人民情怀，驱使着他努力去破解发展不平衡不充分问题。

美好生活不是靠敲锣打鼓就能得来的，要“撸起袖子加油干”，舍此别无他途。发展是解决一切问题的总钥匙，满足人民群众对更好的教育、更稳定的工作、更满意的收入、更可靠的社会保障、更高水平的医疗卫生服务、更舒适的居住条件等美好生活需求，最终都要靠发展。以人民为中心的发展思想，不是一个抽象的、玄奥的概念，不能只停留在口头上、止步于思想环节，而要体现在经济社会发展各个环节。要坚持人民主体地位，顺应人民群众对美好生活的向往，不断实现好、维护好、发展好最广大人民根本利益，做到发展为了人民、发展依靠人民、发展成果由人民共享。要全面调动人的积极性、主动性、创造性，为各行业各方面的劳动者、企业家、创新人才、各级干部创造发挥作用的舞台和环境。当前发展中的不平衡不充分问题，本质上是由于发展质量不够高、效益不够好。推进高质

① 《习近平谈治国理政》（第 1 卷），北京：外文出版社，2018 年，第 3 页。

量发展，需要我们大力倡导辛勤劳动，谦虚谨慎、艰苦奋斗，不懈努力、积极作为。推进高质量发展，还需要我们通过诚实劳动，大力发展实体经济，避免西方发达国家产业空心、贫富分化等结构性困境在中国重演。推进高质量发展，根本出路就在于坚持创新引领，迫切需要我们通过创造性劳动，推动经济发展质量变革、效率变革、动力变革，推动产业升级，打通创新链、产业链、价值链，推动先进制造业与现代服务业深度融合。科技是产业转型升级的“点火系”，要大力实施科技新政，构建科技创新体系，增强自主创新能力，突出“高精尖缺”导向，尽快突破“卡脖子”关键核心技术，让创新成为引领高质量发展的第一动力。

四、坚守维护劳动者权益的责任担当

习近平高度重视劳动者的权益维护和保障工作，既讲总体思路，也讲具体举措；既讲全面，也讲重点，体现了强烈的责任担当和求真务实的工作作风。他强调指出，全心全意为工人阶级和广大劳动群众谋利益，是我国社会主义制度的根本要求，是党和国家的神圣职责，也是发挥我国工人阶级和广大劳动群众主力军作用最重要最基础的工作。[①]明确提出要建立健全党和政府主导的维护群众权益机制，抓住劳动就业、技能培训、收入分配、社会保障、安全卫生等问题，关注一线职工、农民工、困难职工等群体，完善制度，排除阻碍劳动者参与发展、分享发展成果的障碍，努力让劳动者实现体面劳动、全面发展。[②]着重强调党和国家要实施积极的就业政策，创造更多就业岗位，改善就业环境，提高就业质量，不断增加劳动者特别是一线劳动者劳动报酬。[③]工会维权要讲全面，也要讲重点，重点就是职工群众最关心最直接最现实的利益问题，就是职工群众面临的最困难最操心最忧虑的实际问题。[④]要最大限度增加和谐因素、最大限度减少不和谐因素，构建和发展和谐劳动关系，促进社会和谐。要依法保障职工基本权益，健全劳动关系协调机制，

---

① 习近平:《在庆祝“五一”国际劳动节暨表彰全国劳动模范和先进工作者大会上的讲话》，北京：人民出版社，2015 年，第 7 页。

② 习近平:《在庆祝“五一”国际劳动节暨表彰全国劳动模范和先进工作者大会上的讲话》，北京：人民出版社，2015 年，第 8 页。

③ 习近平:《在庆祝“五一”国际劳动节暨表彰全国劳动模范和先进工作者大会上的讲话》，北京：人民出版社，2015 年，第 7–8 页。

④ 《习近平同中华全国总工会新一届领导班子集体谈话》，新华社，2013 年 10 月 23 日。

及时正确处理劳动关系矛盾纠纷。[①]

五、形塑中国人精神风貌的路径思索

一段时期以来，我国经济和社会发展存在“一条腿长、一条腿短”的问题，特别是在劳动问题上存在一些短板。随着经济发展和物质生活的丰裕，出现了一些不好的苗头。人的存在被物化，物质和功利成为大多数社会成员看世界的主要视角，甚至是唯一视角，人的灵魂被外在物质财富的枷锁牢牢禁锢。一些人的劳动观念出现了淡化甚至扭曲。一些人热衷于投机取巧、搞一锤子买卖、走终南捷径、企图一夜暴富，出现了一些不尊重劳动、看不起普通劳动者、不公平对待劳动成果的现象。习近平多次大声疾呼，全社会都要以辛勤劳动为荣、以好逸恶劳为耻，任何时候任何人都不能看不起普通劳动者，都不能贪图不劳而获的生活。[②]劳动没有高低贵贱之分，任何一份职业都

① 习近平：《在庆祝“五一”国际劳动节暨表彰全国劳动模范和先进工作者大会上的讲话》，北京：人民出版社，2015 年，第 3 页。

② 习近平：《在庆祝“五一”国际劳动节暨表彰全国劳动模范和先进工作者大会上的讲话》，北京：人民出版社，2015 年，第 5 页。

很光荣。[①]这启示我们，一个民族，如果劳动者、劳动创造没有地位，是没有前途的，现在强大的是要衰落的，现在仍然在发展爬坡的是爬不上去的、是没有希望的。要在全社会大力弘扬劳模精神、劳动精神、工匠精神，这“三大精神”是工人阶级先进性的具体体现，与伟大的民族精神高度契合，体现了社会主义核心价值观，为新时代提供了丰厚的精神资源，是形塑中国人精神风貌的有力抓手。要大力宣传劳动模范、工匠人物和其他典型的先进事迹，让劳动最光荣、劳动最崇高、劳动最伟大、劳动最美丽的观念蔚然成风，让全体人民进一步焕发劳动热情、释放创造潜能，通过劳动创造更加美好的生活。特别是要加强对广大青少年的教育，让他们从小就树立起辛勤劳动、诚实劳动、创造性劳动的观念，不要养成贪吃懒做、好逸恶劳、游手好闲、投机取巧、坐享其成等错误观念。要通过各种措施和方式，教育孩子们从小热爱劳动、热爱创造，牢固树立热爱劳动的思想、牢固养成热爱劳动的习惯，通过劳动和创造播种希望、收获果实，也通过劳动和创造磨炼意志、提高自己，努力为祖国发展培养一代又一代勤于劳动、善于劳动的高素质劳动者。

① 习近平：《在知识分子、劳动模范、青年代表座谈会上的讲话》，北京：人民出版社，2016年，第9页。

第四节 新时代劳动观的现实指引

习近平强调，正确认识党和人民事业所处的历史方位和发展阶段，是我们党明确阶段性中心任务、制定路线方针政策的根本依据，也是我们党领导革命、建设、改革不断取得胜利的重要经验。[①]党的十九届五中全会提出，全面建成小康社会、实现第一个百年奋斗目标之后，我们要乘势而上开启全面建设社会主义现代化国家新征程、向第二个百年奋斗目标进军，这标志着我国进入了一个新发展阶段。新发展阶段是社会主义初级阶段中的一个阶段，同时是其中经过几十年积累、站到了新的起点上的一个阶段。新发展阶段是我们党带领人民迎来从站起来、富起来到强起来历史性跨越的新阶段。经过新中国成立以来特别是改革开放 40 多年的不懈奋斗，我们已经拥有开启新征程、实现新的更高目标的雄厚物质基础。新中国成立不久，我们党就提出建设社会主义现代化国家的目标，未来 30 年将是我

① 习近平：《把握新发展阶段，贯彻新发展理念，构建新发展格局》，《求是》2021 年第 9 期。

们完成这个历史宏愿的新发展阶段。

新发展阶段是我国社会主义发展进程中的一个重要阶段，是从全面建成小康社会向全面建成社会主义现代化强国“转段升级”的发展阶段。社会主义初级阶段不是一个静态、一成不变、停滞不前的阶段，也不是一个自发、被动、不用费多大气力自然而然就可以跨过的阶段，而是一个动态、积极有为、始终洋溢着蓬勃生机活力的过程，是一个阶梯式递进、不断发展进步、日益接近质的飞跃的量的积累和发展变化的过程。全面建设社会主义现代化国家、基本实现社会主义现代化，既是社会主义初级阶段我国发展的要求，也是我国社会主义从初级阶段向更高阶段迈进的要求。[①]

理论是行动的先导，一定的发展实践都是由一定的发展理论来引领的。我们党领导人民治国理政，很重要的一个方面就是要回答好实现什么样的发展、怎样实现发展这个重大问题。新时代劳动观是指引我们进入新发展阶段，迈向全面建设社会主义现代化新征程的重要理论法宝，是对时代发展的问题回应。新发展阶段，我们要坚持用新时代劳动观分析观察当下面对的

① 习近平:《把握新发展阶段，贯彻新发展理念，构建新发展格局》，《求是》2021年第9期。

机遇，有效应对国际国内各种风险挑战。

一是新发展阶段国际环境日趋错综复杂。新一轮科技革命和产业变革深入发展，国际力量对比深刻调整，新冠肺炎疫情影响广泛深远，经济全球化遭遇逆流，世界进入动荡变革期，经济下行趋势明显。经济全球化有增长效应和矛盾效应两种效应，在世界经济上行期，增长效应占主导，各方参与者受益，支持经济全球化的就会多一些；在世界经济下行期，增长和分配、资本和劳动、公平和效率等矛盾逐步凸显，矛盾效应占主导，反对经济全球化的就会多一些。中国是一个发展中大国，过去我们发展水平低，同别国的互补性就多些，现在我们发展水平提高了，同别国的竞争性就多起来了。一个大国的崛起，绝不可能是轻轻松松，一帆风顺的，必然要经历一番艰苦的磨炼和斗争。

二是新发展阶段国内改革发展任务繁重。我国正处于改革开放爬坡过坎的关键阶段，既具有制度优势显著、治理效能提升、经济长期向好等优势和条件，同时又面临发展不平衡不充分问题仍然突出、重点领域关键环节改革任务仍然艰巨等问题，结构性矛盾、体制性问题、周期性困难相互交织，国民经济和社会发展面临的风险挑战前所未有。我国主要矛盾已经转化为人民日益增长的美好生活需要和不平衡不充分的发展之间的矛盾。既然是社会主要矛盾，解决起来就不可能一蹴而就。

三是新发展阶段职工群众对美好生活的要求不断提高。从追求生存权益向追求发展权益转变，从追求物质权益向追求民主权利、精神权益转变，从利益诉求一体化、同质化向差异化、多元化转变，更加偏重自身的发展权、参与权，渴望参与企业、社会决策，呈现多样化、多层次、多方面的特点。新技术新业态新模式大量涌现，在促进就业增长的同时，也孕育了以多元化、灵活化、平台化和非劳动关系化为特征的新就业形态劳动者。

我们要坚持以新时代劳动观为指引，从政治上保证、制度上落实、素质上提高、权益上维护四个方面发力，推动党的全心全意依靠工人阶级方针落地见效，充分激发广大职工的积极性、主动性和创造性。组织动员广大职工大力弘扬劳模精神、劳动精神、工匠精神，围绕国家重大战略、重大工程、重大项目、重点产业，开展多种形式的劳动和技能竞赛，在关键领域、核心技术上大胆突破创新，最大限度提高产业链供应链稳定性、安全性和竞争力，在推动经济高质量发展中充分发挥工人阶级主力军作用。主动、依法、科学维护职工权益，积极构建和谐劳动关系，不断提高维权服务水平，满足职工多样化需求，共建共享改革发展成果。广泛开展劳动创造幸福、“中国梦·劳动美”等群众性主题宣传教育活动，激发职工群众的主人翁责任感和劳动热情。积极引导职工正确对待利益关系和利益格局的调整，依法理性有序表达利益诉求，坚决维护职工队伍和我国工会组织的团结统一，坚决维护企业和社会大局和谐稳定，坚决捍卫中国共产党领导和我国社会主义制度，始终做党执政的坚实依靠力量。

新时代劳动观的理论清晰表明，在迈向全面建设社会主义现代化国家新征程中，不管社会风云如何变幻，劳动始终是推动社会发展的主导力量。必须确立劳动者在社会生活中的主体地位，在社会发展中更加鼓励劳动创造，在社会分配中更加重视劳动要素的分配，在社会关系中更加尊重劳动者、构建和谐劳动关系，积极参与劳动、尽情赞美劳动、公平回报劳动，让劳动的活力竞相迸发，让创造的源泉充分涌流。必须深刻认识到，劳动是世界上第一桩神圣事业，要大力倡导辛勤劳动、诚实劳动、创造性劳动、幸福劳动，让社会围绕劳动这个“太阳”旋转，奋力谱写新时代的劳动之歌，用劳动者奋斗的双手托举起壮阔的未来。

第一章

新时代劳动观理论溯源

新时代劳动观的阐释需要理论上的纵深。新时代劳动观的形成，源于五千年中华文明积淀的历史传承、努力实现人民对美好生活向往的价值追求、坚守维护劳动者合法权益的责任担当、形塑当下中国人精神风貌的路径思索。

对新时代劳动观进行阐释需要理论上的纵深。新时代劳动观直接的理论来源，是马克思主义劳动学说。为了更彻底地了解“从哪里来、到哪里去”的问题，我们需要进行追根溯源。马克思主义劳动学说是马克思、恩格斯站在前人的基础上发展而来的，同时，后世的马克思主义者对这一学说，又进行了不断的完善和创新。在马克思之前，劳动学说的主要理论渊源是以亚当·斯密、大卫·李嘉图等为代表的古典政治经济学和以黑格尔为代表的德国古典哲学。在马克思之后，列宁以及毛泽东、邓小平、江泽民、胡锦涛、习近平等共产党人对劳动学说又进行了很好的继承和创新，不断地发展了马克思主义劳动学说。我们在这里择其要点，进行一个简要的历史考察和文献梳理。

第一节　新时代劳动观的经济学、哲学起源

一、亚当·斯密的劳动分工理论和劳动价值理论

1. 劳动分工理论

劳动分工理论是亚当·斯密整个经济理论体系的基础，是其观察分析经济现象的切入点，也是"《国民财富的性质和原因的研究》全书中最精炼的部分"[①]。他发现了劳动分工对提高劳动生产力和增进国民财富的巨大作用，并由此确立了劳动分工在经济学中的首要地位。他认为，不论是经济发展、国际贸易，还是劳动生产力的提高、国民财富的增长，劳动分工都是关键的起点。"劳动生产力上最大的增进，以及运用劳动时所表现的更大的熟练、技巧和判断力，似乎都是分工的结果。"[②] 他

① 约瑟夫·熊彼特：《国民财富的性质和原因的研究》"读者指南"，引自亚当·斯密：《国富论》，杨敬南译，西安：陕西人民出版社，2001 年，第 5 页。

② 亚当·斯密：《国民财富的性质和原因的研究》(上卷)，郭大力、王亚南译，北京：商务印书馆，1983 年，第 5 页。

进一步指出，要提高劳动生产力，在既定生产技术水平下，要努力扩大劳动分工，而劳动分工的广度和深度，取决于市场规模的大小和资本积累的多少。关于人们为什么要进行劳动分工，他认为是出于交换的需要。“请给我以我所要的东西吧，同时你也可以获得你所要的东西。”如果不交换，“各个人都须亲自生产自己生活上一切必需品和便利品，而一切人的任务和工作全无分别，那么工作差异所产生的才能的巨大差异就不可能存在了”①。当然，他认为劳动分工也存在先天不足，那就是机会成本太高。分工让人沉浸或专注于少数极单纯的操作，使劳动者放弃了发挥他的智力或运用他的发明才能从事其他劳动的机会，既不利于人的全面发展，也使得劳动者在面对外部环境和条件的变化时，缺乏必要的应变能力。

2. 劳动价值理论

这是亚当·斯密的主要理论贡献。劳动是亚当·斯密在《国民财富的性质和原因的研究》中使用的基础性概念，也是其理论的切入点。他批评了“只有对外贸易才是财富源泉’的重商主义价值观，同时也批评了“只有农业才创造财富”的重农

① 亚当·斯密：《国民财富的性质和原因的研究》（上卷），郭大力、王亚南译，北京：商务印书馆，1983 年，第 14 页。

主义价值偏见，在经济学说史上第一次宣称：劳动是国民财富的源泉。并进一步指出，劳动创造的价值是工资和利润的源泉，工资越低、利润就越高；反之，工资越高、利润就越低。他第一次明确区分了使用价值和交换价值，并排除了从使用价值中去寻求交换价值的决定问题。他认为，“价值一词有两个不同的意义，它有时表示特定物品的效用，有时表示占有某物而取得的对他种货物的购买力。前者叫作使用价值，后者叫作交换价值”[①]。劳动是衡量一切商品交换价值的真实尺度，任何一个物品的真实价格，即要取得这个物品实际上所付出的代价。“劳动是第一性价格，是最初用以购买一切货物的代价。世间一切财富，原来都是用劳动购买而不是用金银购买的。所以，对于占有财富并愿意用以交换一些新产品的人来说，它的价值，恰恰等于它使他们能购买或支配的劳动量。”[②]也就是说，商品价值的大小是由劳动决定的。他的这些观点，深刻地影响了后世的学者，成为马克思主义政治经济学的直接来源之一。

---

① 亚当·斯密：《国民财富的性质和原因的研究》（上卷），郭大力、王亚南译，北京：商务印书馆，1983 年，第 25 页。

② 亚当·斯密：《国民财富的性质和原因的研究》（上卷），郭大力、王亚南译，北京：商务印书馆，1983 年，第 26 页。

二、大卫·李嘉图的劳动价值理论

大卫·李嘉图是英国古典政治经济学家，古典政治经济学派最后的代表人物，他坚持与发展劳动价值理论，在继承亚当·斯密研究成果的基础上，对劳动价值理论进行了“资产阶级经济学在其不可逾越的发展界限内的虽不充分但是最好的分析”[①]。大卫·李嘉图继承了亚当·斯密关于商品的使用价值和交换价值的区分，坚持了关于使用价值不是交换价值尺度的观点。同时，他比亚当·斯密又前进了一步。一方面，他既认识到使用价值和交换价值的区别，也认识到两者的联系，认为使用价值是交换价值的物质承担者；另一方面，他提出，“我的价值尺度是劳动量”，绝大多数商品的价值完全取决于生产它们所耗费的劳动。[②]

大卫·李嘉图批评了亚当·斯密的二元劳动价值论。亚当·斯密认为，商品的价值是由生产该商品所耗费的劳动量决

① 陈岱孙：《从古典经济学派到马克思：若干主要学说发展论略》，上海：上海人民出版社，1981 年，第 70 页。

② 大卫·李嘉图：《政治经济学及赋税原理》，郭大力、王亚南译，北京：商务印书馆，2013 年，第 5 页。

定的，这种观点正确地揭示了价值的源泉。但他同时又认为，商品的价值是由商品的交换中能购买到的劳动量决定的。这样一来，他混淆了生产商品时所耗费的劳动和交换到的劳动，颠倒了价值与交换价值两者的关系，将商品的价值决定与价值分配混为一谈。大卫·李嘉图认为，劳动价值论是一元的，价值是第一位的因素，而分配则是第二位的因素。大卫·李嘉图深入分析并指出了商品生产过程中新价值创造和旧价值转移的问题，并深刻指出了在商品价值决定问题上个别劳动时间与社会必要劳动时间之间的区别，极大地丰富和发展了劳动价值论的内容，把这一理论推到了古典政治经济学的最高峰，成为马克思主义政治经济学的重要来源之一。

三、黑格尔的劳动辩证法思想

黑格尔关于“劳动问题”的讨论，集中体现在他的耶拿讲演、《精神现象学》和《法哲学原理》中。在这方面，他也做了很多开创性的研究，对马克思产生了较大影响。[①] 比如，黑格尔是第一个对劳动进行哲学视角讨论的学者，打破了国民经济学

---

① 诺曼·莱文：《马克思与黑格尔的对话》，北京：中国人民大学出版社，2016 年，第 337–346 页。

对劳动解释的霸权。他从哲学上赋予了劳动肯定的意义，并把劳动和自由相联系，认为只有通过劳动，人才能使自身摆脱纯粹的自然规定性而确认自身作为人的本质。同时，黑格尔也是第一个看到“劳动的异化”并对其做哲学批判的哲学家。“异化”是指主体在实践活动中产生了客体，但这一客体却变成了主体的敌对力量，主体最终被自己产生的客体所控制和奴役。劳动异化这一概念，后经马克思的批判性吸收，成为马克思哲学的核心概念之一。同时，黑格尔敏锐地捕捉到劳动所包含的解放意义，这是他的过人之处。

当然，黑格尔劳动辩证法思想的缺陷也显而易见。马克思说，黑格尔站在现代国民经济学家的立场上，把劳动看作人的本质，看作人的自我确证的本质；他只看到劳动的积极的一面，而没有看到它消极的一面。黑格尔是从机器（工具）的视角，分析劳动者——劳动对象分离的异化。对于劳动异化现象，他是做肯定性描述，从积极地满足个人需要以及特殊利益与普遍利益相互满足的层面理解劳动，其劳动辩证法思想也被表达为“劳动的异化现象在更高的‘国家’阶段被扬弃”。其关于劳动解放的理解，仅停留在“劳动本身并不能获得解放，劳动只是人获得自由或解放的一个中介和环节”。其唯一知道并承认的劳动是抽象的精神的劳动，企图能在具体的劳动中抽象出满足所有人的普遍劳动，以实现个人与社会的统一。[①] 马克思认为黑格尔的劳动辩证法思想缺乏批判性和革命性。

第二节　马克思主义劳动学说

马克思主义劳动学说的内容博大精深，我们在后面的章节中还将具体深入地进行探讨。概要地讲，这主要体现在其劳动本质论、劳动价值论、剩余价值论、劳动异化论等方面。

一、劳动本质论

"劳动创造了人本身"[②]，这是马克思主义劳动学说的一条基本论断。劳动对人和人类社会的形成与发展具有根本的决定意

① 马克思：《马克思博士论文　黑格尔辩证法和哲学一般的批判》，贺麟译，上海：上海人民出版社，2012 年，第 128–129 页。

② 恩格斯：《劳动在从猿到人的转变中的作用》，引自查汝强主编：《〈劳动在从猿到人的转变中的作用〉解说与注释》，北京：人民出版社，1979 年，第 1 页。

义。劳动使人与一般动物相区分，使人类劳动同动物本能式的活动相区分。人类劳动是人类运用自己制造的工具的有意识、有目的、有计划地改造自然的社会实践活动。恩格斯指出："动物仅仅利用外部自然界，单纯地以自己的存在来使自然界改变；而人则通过他所作出的改变来使自然界为自己的目的服务，来支配自然界。这便是人同其他动物的最后的本质区别，而造成这一区别的还是劳动。"①

劳动是人的社会本性和社会关系形成与发展的基础，是人在社会实践中彼此相互联系、共同生活的第一个基本的实践形式。语言从劳动中产生并和劳动一起得到了发展，人脑、感官、意识以及抽象思维能力、逻辑推理能力的发展，又反过来对劳动和语言发生作用，促成了"完全的人"的形成。人的社会性这一本质也是通过劳动而产生、实现并得到证明的，即在劳动过程中，在人与自然、人与人之间的相互关系和辩证运动中才能确定，才得以产生、实现和得到证明，而这种相互关系和辩证运动，是在劳动过程中表现出来的。

劳动是劳动力的表现和作用。只有在劳动实践中，劳动力

① 《马克思恩格斯选集》（第 3 卷）北京：人民出版社，1995 年，第 517 页。

才能成为现实的、物质的力量，才能发挥劳动力对自然界和对其自身发展变化的巨大作用，同时劳动又是衡量每一个劳动力的作用大小及其现实表现的唯一尺度。劳动和自然界一起构成一切财富的源泉。自然界为劳动提供材料，劳动把材料变为财富。人有目的地作用于自然界，利用劳动改变自然物的形态和性质，使各种原料成为人类生活需要的财富。“劳动首先是人和自然之间的过程，是人以自身的活动来引起、调整、控制人和自然之间的物质变换的过程。”[①] 一句话，劳动发展史是我们打开全部社会史的一把钥匙。

二、劳动价值论

马克思的劳动价值论是在威廉·配第、亚当·斯密、大卫·李嘉图等为代表的古典政治经济学家的相关理论基础上得来的，并在内涵上进行了极大的丰富和创新。威廉·配第认为，商品交换中的交换是一种劳动（价值）而不是交换的不可度量的效用。物的有用性使物成为使用价值，使用价值总是构成财

① 《马克思恩格斯全集》（第 23 卷），北京：人民出版社，1972 年，第 201–202 页。

富的物质内容，同时又是交换价值的物质承担者。[①] 亚当·斯密和大卫·李嘉图认为，劳动是价值的唯一源泉，也是财富的源泉，劳动是财富之父，土地是财富之母。马克思吸收了前人的这些观点，同时创造性地提出了商品具有二重性，即价值和使用价值。使用价值是商品的自然属性，具有不可比较性。价值是一般人类劳动的凝结，即由抽象性的劳动所凝结，是商品的社会属性，它构成商品交换的基础。商品的使用价值由具体性的劳动所决定。使用价值和价值，是马克思用来说明商品的自然属性和社会属性的概念，深刻地揭示了商品的本质。

与古典政治经济学不同，马克思认为价值是人类抽象劳动的凝结，这就扬弃了亚当·斯密的“劳动一般”在形式上、内涵上的模糊性和局限性，而把一切形式的人类脑力和体力的消耗都算在劳动范畴之内，保证了范畴使用的彻底性，扩大了劳动价值论的适用范围。正如马克思所言：“劳动就它表现为价值而论，不再具有它作为使用价值的创造者所具有的那些特征。商品中包含的劳动的这种二重性，是首先由我批判地证明了的。

① 威廉·配第：《配第经济著作选集》，陈东野、马清槐、周锦如译，北京：商务印书馆，1981 年，第 42 页。

这一点是理解政治经济学的枢纽。”① 马克思创立的劳动二重性学说，使古典政治经济学家亚当·斯密和大卫·李嘉图等人提出的劳动价值论成为完全科学的价值理论。按照恩格斯的权威说法，劳动二重性作为完全达标了的“科学规定”，其直接奠基了“两个伟大发现”。②

马克思对此做了进一步的研究分析，提出了“社会必要劳动”和“社会必要劳动时间”，独辟蹊径地阐明劳动价值论是如何确定商品的价值，又是如何深刻地说明了商品交换中所蕴含的深刻矛盾及解决矛盾的方法的。在马克思看来，形成价值的劳动不是一般的劳动，也不是一般的抽象劳动，而是经过市场的选择，被证明是社会所需要的、必要的劳动，因此，决定商品价值量的不是普通的劳动时间，而是“社会必要劳动时间”。这种界定，不但说明了商品交换所依据的量的关系、商品交换的性质，而且说明了价值的实现途径及其体现的社会关系。这极大地扩展了劳动价值论的理论内涵，把对劳动价值论的理解和运用推到一个相当高的理论和实践层次。

---

① 马克思：《资本论》（第 1 卷），北京：人民出版社，2004 年，第 54 页。
② 即历史唯物主义和剩余价值理论，出自《马克思恩格斯选集》（第 3 卷），北京：人民出版社，1995 年，第 776 页。

三、剩余价值论

根据马克思的理论，剩余价值是指在剥削制度下被统治阶级剥削的、劳动者所生产的新价值中，劳动创造的价值和劳动报酬之间的差额，即“由劳动者创造的被资产阶级无偿占有的劳动”[①]。剩余价值考察的是劳动过程当中的“价值增殖”。显然，此“增殖”非彼“增值”，但决定了经济现象领域中的价格和利润增长运动。

关于剩余价值理论，马克思给出总的评论是：“所有经济学家都犯了一个错误：他们不是就剩余价值的纯粹形式，不是就剩余价值本身，而是就利润和地租这些特殊形式来考察剩余价值。”[②]在马克思眼里，剩余价值理论的内核主要是两条：一是资本家主要通过强迫工人延长劳动时间的方法来赚取利润；二是只有产业工人的活劳动才能创造新价值，其他生产要素以及商业服务业等非生产性行业的职工都不能创造新价值。这在

① 《〈工资、价格和利润〉讲解》，北京：人民出版社，1977年，第81页。

② 马克思：《剩余价值理论》，引自《资本论》（第4卷第1册），北京：人民出版社，1975年，第7页。

一百多年前马克思生活的那个年代，应该说基本上符合事实，因此剩余价值理论在全世界范围内得到了广泛的传播和普遍的认同。

四、劳动异化论

劳动异化，也称异化劳动。在马克思之前，人们所揭示的种种异化，基本上还停留在异化的外部现象。比较典型的如黑格尔的异化观。黑格尔的异化观蕴含着辩证法的因素，但他是从唯心主义出发，把绝对理念看作先于自然界与人类社会的存在而存在的，是异化的主体。他不满意用人的意识去解释历史的观点，唯心地设想了历史发展的动力是人的劳动。马克思对此评价说："黑格尔把人的自我生产看作一个过程，把对象化看作非对象化，看作外化和这种外化的扬弃；因而他抓住了劳动的本质，把对象性的人，现实的因而是真正的人理解为他自己的劳动结果。"[①] 由于黑格尔只看到劳动的积极一面，看不到在资本主义条件下劳动带给劳动者的苦难的消极一面，他把人通过劳动改造自然的这个自我生产过程，抽象化为精神的自我生产过程，是抽象劳动。还有一个比较典型的就是费尔巴哈的异

① 马克思：《1844 年经济学哲学手稿》，北京：人民出版社，2000 年，第 101 页。

化观。他从人本唯物主义出发，批判了黑格尔的唯心主义异化观，把异化概念运用于人的本质考察，认为异化的主体是感性存在的人，理性、意志、感情是人的本质，他致力于把哲学从虚幻的精神境界中拉到了活生生的人间现实。

劳动异化是马克思的异化观。在《1844 年经济学哲学手稿》中，马克思明确提出了劳动异化的观点，并以此作为自己异化观的出发点。他批判了前人非科学形态的异化理论，并揭示了资本主义社会最典型的异化本质。他认为决定异化外部现象的本质异化，是异化劳动或劳动异化。

马克思的劳动异化理论主要包括四个方面：

1. 人与劳动产品相异化

一方面，劳动者通过自己的劳动创造出的劳动产品，本应为劳动者所有，但在资本主义社会体制下，资本家完全占有劳动者生产的劳动产品，资本家与工人之间的关系是完全对立的，工人劳动获得的劳动产品最终会被资本家转化成资本，反过来继续统治和奴役工人。另一方面，工人进行劳动生产的目的是为了更好地生活，然而工人生产的产品越多，它对工人的束缚、制约就越大，也就越来越不属于工人而成为敌对的力量，工人被劳动产品制约。

2. 人与劳动活动相异化

劳动应该是人们的自由并且有意识的活动，是主观见之于客观的过程。然而在资本主义雇佣关系中，工人进行劳动是被迫的、强制的，劳动过程是自我折磨、自我牺牲的过程，劳动变成了工人维持基本生存需求的一种迫不得已的手段。工人生活在紧张压抑的工作状态之中，紧张、束缚和痛苦时刻伴随着工人们，工人不能在劳动中获得欢乐和幸福。劳动不再是人的属性的积极表现，而成为动物性的、受人奴役并缺乏能动性的活动，劳动犹如瘟疫，人人唯恐避之不及。劳动在异化的驱使下变成了一种手段，不再是目的，不但没有创造生命价值，而且使得生命价值不断贬值。工人的类本质在劳动过程中丧失殆尽，从而导致工人同劳动活动本身之间的异化。

3. 人与人的类本质相异化

人的本质问题是哲学对人的思考的终极境界。马克思批判地借用了费尔巴哈的类本质的概念，在对比人与动物生命活动的基础上，提出："自由的有意识的活动恰恰就是人的类特性。"① 然而，在资本主义私有制经济背景下，"异化劳动把自主

① 《马克思恩格斯全集》（第 3 卷），北京：人民出版社，2002 年，第 273 页。

活动、自由活动贬低为手段，也就是把人的类生活变成维持人的肉体生存的手段”[①]。劳动者像动物一样完全被动地劳动，被人奴役驱使，完全丧失自由和尊严，也剥夺了人在实践活动中的能动性。这无疑是人的类本质的异化的真实呈现。马克思在《论犹太人问题》中指出，“钱是从人异化出来的人的劳动和存在的本质；这个外在本质却统治了人，人却向它膜拜”[②]。

4. 人与人相异化

作为上述三种异化相互作用的结果，人与人之间的异化就获得了一种普遍性。“而人对自身的关系只有通过人对他人的关系，才成为对他来说是对象性的现实的关系。”[③]当人同自身相对立的时候，他也同别人相对立。这种异己的对抗，集中表现在资本主义社会资本家和工人极不对等的关系之中。工人一无所有，因此他不得不像售卖货物一样把自己的劳动力出卖给资本家，以获得与劳动极不对等的、微薄的收入来维持生计。而

① 《马克思恩格斯全集》(第3卷)，北京：人民出版社，2002年，第274页。

② 《马克思恩格斯全集》(第1卷)，北京：人民出版社，1956年，第425页。

③ 马克思：《1844年经济学哲学手稿》，北京：人民出版社，2000年，第120页。

资本家，站在劳动之外，支配工人的生产活动，占有非自身创造的产品。无产阶级和资产阶级处于根本对立的两方，直接导致人与人之间的异化。

异化理论从“政治异化”到“经济异化”，最后到“劳动异化”，从针对“副本”（黑格尔哲学）的批判转向针对“原本”（英国古典政治经济学和资本主义经济关系）的批判，即从对宗教、国家和法的批判，进入对“市民社会”（社会物质生活关系）的批判，对马克思的唯物史观的形成有重要意义。它指示了“私有财产是劳动异化的直接产物”[①]，在资本主义制度下，国民出现了私有财产，而财产是人类劳动的产物，却成了私有的，只是在少数人手中被占有，而作为劳动者对自己财产的占有却少得可怜甚至没有，所以马克思开始对人类的劳动本身着手分析“经济异化”，认为私有财产出现的根源在于人类劳动的异化。为此，马克思提出了劳动解放之路，资本主义只是人类社会历史发展的一个暂时阶段，只有“共产主义是私有财产即人的自我异化的积极扬弃，因而是通过人并且为了人而对人的本质的真正占有；因此它是人向自身、向社会的人的复归，这

① 《马克思恩格斯全集》（第 3 卷），北京：人民出版社，2002 年，第 277 页。

种复归是完成的、自觉的而且保存了以往的社会财富”[①]。人类只有扬弃资本主义的生产方式，摆脱异化劳动束缚和压抑人的藩篱，才能复归展现人的本质力量的自由劳动，使劳动成为人的第一需要，进而实现人的劳动解放。马克思深层次地剖析了资产阶级剥削的本质和无产阶级的悲惨处境，在历史发展中解构资本主义固有的框架，建构了共产主义社会的美好图景。

马克思还提出了他的人学公式：人—非人—人，即历史经历了一个从人的异化到人性复归的过程。在人类社会的第一个阶段，劳动者、劳动对象、劳动工具、劳动活动和劳动成果是一体的、没有分离的，人没有异化，还是本真意义上的人；人类进入私有制社会后，劳动者同劳动对象、劳动工具、劳动活动以及劳动成果相分离，人被异化为非人；共产主义社会实现了劳动资料公有制，结束了劳动者同劳动对象、劳动工具、劳动活动以及劳动成果相分离的状态，人的异化就被消除，人再度复归为真正意义上的人。

---

① 马克思：《1844 年经济学哲学手稿》，北京：人民出版社，2000 年，第 120 页。

第三节　列宁的劳动思想

列宁关于劳动的论述，很多是他对马克思劳动思想的理解与描述。

一是关于雇佣劳动的认识。列宁对劳动问题的观察和思考，首先是从马克思劳动思想中雇佣劳动这一维度入手的，因为这个问题是列宁当时面对的迫切的现实问题。当雇佣工人的收入比工役制（指农民租种地主土地时，用给地主干活来代替缴纳地租的一种制度）的收入多，这样导致农民工大量外出，进一步加剧了农民成为雇佣工人的步伐。列宁认为，凡是有机器生产的地方，就会有农民前往寻找工作，而机器化生产越集中的地方，工作机会相对越多，集聚的工人就会越多，这样就会出现农民工的移动，列宁称之为“移民运动”①。而且他还发现，在以雇佣劳动为基础的地方，机器却在排挤雇佣工人。

二是关于劳动社会化的问题。列宁劳动思想最突出的是对

① 《列宁全集》（第3卷），北京：人民出版社，1984年，第155页。

劳动社会化问题的阐述。他认为，资本的垄断变成了和它一同繁盛并在其羽翼下繁盛起来的那个生产方式的桎梏，生产资料的集中和劳动的社会化已经达到了不能与资本主义外壳并存的地步。这个资本主义外壳就要破裂了，资本主义私有制的丧钟就要响起来了，剥夺者就要被剥夺了。

三是将提高劳动生产率与整个共产主义运动和发展前途联系起来，只有将提高劳动生产率作为根本的任务才能实现向共产主义的过渡。他指出，“劳动生产率，归根到底是保证新社会制度胜利的最重要最主要的东西”[1]。

四是将劳动与生产教育相结合是培养社会主义接班人和改造社会的重要手段。他指出：“没有青年一代的教育与生产劳动的结合，未来社会的理想是不能想象的。无论是脱离生产劳动的教学和教育，或是没有同时进行教学和教育的生产劳动，都不能达到现代技术水平和科学知识现状所要求的高度。”[2]将劳动竞赛作为社会主义劳动组织的一种形式，提出通过劳动竞赛培养和选拔有利于建设社会主义的劳动者。他指出：“社会主义

① 列宁：《伟大的创举》，引自《列宁全集》（第29卷），北京：人民出版社，1956年，第388–389页。

② 《列宁全集》（第2卷），北京：人民出版社，1959年，第413页。

不仅不窒息竞赛，反而第一次造成真正广泛地、真正大规模地运用竞赛的可能，把真正多数劳动者吸引到这样一个工作舞台上来，在这个舞台上，他们能够大显身手，施展自己的本领，发现有才能的人。”[①]

五是强调国家的法律应当保护劳动者、减轻劳动者负担，同时要对劳动者进行学识、技能上的教育以提高劳动生产率。他阐述了一系列劳动法理论学说并建立了社会主义劳动法律制度。他提出了以保护劳动者利益为价值追求，保证劳动条件基准；以维护劳动者权利为宗旨，加大对劳动者保护力度；以劳动者全面发展为归宿，加强劳动纪律和监督；以广大劳动群众为本位，在立法、执法、司法、法律教育等方面加强对劳动者权益保护，协调和处理劳动关系等劳动法思想。列宁的劳动法思想不仅包含着广大劳动群众共同反对资产阶级压迫和剥削以及废除资产阶级劳动法制的丰富经验和深刻理论，而且包含着第一个无产阶级专政国家建设社会主义劳动法制的经验和理论成果。

① 中国现代史资料编辑委员会：《苏维埃中国》，1957 年，第 296 页。

第四节　中国共产党人的劳动观

2014年4月30日，习近平在乌鲁木齐接见劳模和先进工作者时指出，劳动，是共产党人保持政治本色的重要途径，是共产党人保持政治肌体健康的重要手段，也是共产党人发扬优良作风、自觉抵御“四风”的重要保障。这些重要论述鲜明揭示了中国共产党人对劳动价值的认同、对劳动精神的弘扬。中国共产党人的劳动观，是对马克思主义劳动学说的继承与创新，具有丰富的理论内涵和实践意义。

一、关于体力劳动与脑力劳动相结合

从广义上看，劳动分为体力劳动与脑力劳动，科学创造、生产技术等都是劳动的重要形式。中国共产党人对劳动的广义范畴的界定，体现了马克思主义的辩证唯物主义和历史唯物主义的统一。比如，1960年3月，毛泽东在中共中央批转《鞍山市委关于工业战线上的技术革新和技术革命运动开展情况的报告》的批示中，以苏联经济为鉴戒，对我国的社会主义企业

的管理工作做了科学的总结，强调要实行民主管理，实行干部参加劳动，工人参加管理，改革不合理的规章制度，工人群众、领导干部和技术员三结合，即“两参一改三结合”的制度。1961 年制定的“工业七十条”，正式确认这个管理制度，并建立党委领导下的职工代表大会制度，使之成为扩大企业民主，吸引广大职工参加管理、监督行政，克服官僚主义的良好形式。当时，毛泽东把“两参一改三结合”的管理制度称为“鞍钢宪法”，使之与苏联的“马钢宪法”（指以马格尼托哥尔斯克冶金联合工厂经验为代表的苏联一长制管理方法）相对照。同时，毛泽东重视科学技术在提高劳动生产率中的作用和地位，1956 年提出“向科学进军”的口号，1963 年进一步强调“不搞好科学技术，生产力无法提高”①。再比如，邓小平明确提出“科学技术是第一生产力”的观点，进一步说明了生产资料、科学技术与劳动者之间的深层关系。1977 年 5 月 24 日，邓小平提出：“一定要在党内造成一种空气：尊重知识，尊重人才。要反对不尊重知识分子的错误思想。不论脑力劳动，体力劳动，都是劳动。从事脑力劳动的人也是劳动者，将来，脑力劳动和体力劳

① 毛泽东在听取国务院副总理兼国家科学技术委员会主任聂荣臻汇报十年科学技术规划时插话的节录。

动更分不开来。发达的资本主义国家有许多工人的工作就是按电钮，一站好几小时，这既是紧张的、聚精会神的脑力劳动，也是辛苦的体力劳动。要重视知识，重视从事脑力劳动的人，要承认这些人是劳动者。”[①]1978 年 3 月 18 日，在全国科学大会开幕式上，邓小平重申知识分子是工人阶级的一部分的思想，强调从事体力劳动的，从事脑力劳动的，都是社会主义社会的劳动者。

二、关于劳动与教育相结合

中国共产党人深刻认识到，劳动要真正深入到群众中去，必须从教育入手，把劳动和教育充分结合起来，这也成为劳动教育的重要渊源。毛泽东指出，“几千年来，都是教育脱离劳动，现在要教育劳动相结合，这是一个基本原则”[②]。他提出设立校办工厂、农场，并开设生产劳动和技术课程等。邓小平强调劳动教育在促进青少年发展中的作用。他在 1978 年 4 月全国教育工作会议上说：“马克思、恩格斯、列宁和毛泽东同志都非

① 《邓小平文选》（第 2 卷），北京：人民出版社，1994 年，第 50 页。
② 《毛泽东年谱（1949—1976）》（第 3 卷），北京：中央文献出版社，2013 年，第 442 页。

常重视教育与生产劳动的相结合，认为在资本主义社会里这是改造社会的强有力的手段之一；在无产阶级取得政权之后，这是培养理论与实际结合、学用一致、全面发展的新人的根本途径，是逐步消灭脑力劳动和体力劳动差别的重要措施”“为了培养社会主义建设需要的合格的人才，我们必须认真研究在新的条件下，如何更好地贯彻教育与生产劳动相结合的方针”[①]。江泽民提出教育与社会实践相结合的观点，1994 年他在全国教育工作会议上指出：“教育与生产劳动相结合是坚持社会主义教育方向的一项基本措施”[②]“如果只是让学生关起门来读书，不参加劳动，不接触社会实践，不了解工人农民是怎样辛勤创造社会财富的，不培养劳动人民感情，是不利于他们健康成长和全面发展的”[③]，强调“学生适当参加一些物质生产劳动，应成为一门必修课，不是可有可无”[④]。胡锦涛提出了“以辛勤劳动

① 《邓小平文选》(第 2 卷)，北京：人民出版社，1994 年，第 107 页。

② 同时写入 1994 年印发的《中共中央关于进一步加强和改进学校德育工作的若干意见》。

③ 江泽民：《在全国教育工作会议上的讲话》，《人民日报》1994 年 6 月 20 日。

④ 江泽民：《在全国教育工作会议上的讲话》，《人民日报》1994 年 6 月 20 日。

为荣，以好逸恶劳为耻”的荣辱观，使热爱劳动、勤奋劳动、尊重劳动、保护劳动蔚然成风，努力形成劳动光荣、知识崇高、人才宝贵、创造伟大的时代新风。习近平指出，特别是要通过各种措施和方式，教育引导广大青少年牢固树立热爱劳动的思想、牢固养成热爱劳动的习惯，为祖国发展培养一代又一代勤于劳动、善于劳动的高素质劳动者。

三、关于充分发挥劳模的示范带动作用

榜样的力量是无穷的。弘扬劳模精神在中国共产党人的劳动观中占有重要的地位。充分发挥劳模的榜样作用是中国共产党人在长期实践中总结出的思想精华，在革命、建设、改革各个不同时期，劳模精神都在中国共产党人精神谱系中熠熠闪光。早在 1934 年 1 月，毛泽东就做过关于劳模工作的论述，他说，提高劳动热忱，发展生产竞赛，奖励生产战线上的成绩昭著者，是提高生产的重要方法。[①]1945 年 1 月 10 日，毛泽东在一次讲话中提出了“劳模的三个作用”。他说：“你们有三种长处，起了三个作用。第一个，带头作用。这就是因为你们特别努力，

① 中国现代史资料编辑委员会：《苏维埃中国》，1957 年，第 296 页。

有许多创造，你们的工作成了一般人的模范，提高了工作标准，引起了大家向你们学习。第二个，骨干作用。你们的大多数现在还不是干部，但是你们已经是群众中的骨干，群众中的核心，有了你们，工作就好推动了。到了将来，你们可能成为干部，你们现在是干部的后备军。第三个，桥梁作用。你们是上面的领导人员和下面的广大群众之间的桥梁，群众的意见经过你们传上来，上面的意见经过你们传下去。”① 江泽民首次提出了“尊重劳动、尊重知识、尊重人才、尊重创造”的重大方针，同时响亮地提出了劳模是民族的精英、国家的脊梁、社会的中坚和人民的楷模。习近平对弘扬劳模精神、发挥劳模作用作出一系列重要论述，创造性地提出大力弘扬劳模精神、劳动精神、工匠精神，并对劳模精神、劳动精神、工匠精神的内涵作了明确界定，这大大丰富了民族精神和时代精神的内涵，是我们极为宝贵的精神财富。

四、关于劳动和分配的关系

劳动是重要的分配要素，这是马克思主义的鲜明立场。中

① 《毛泽东选集》（第 3 卷），北京：人民出版社，1991 年，第 1014 页。

国共产党人继承和发扬了马克思主义劳动观，非常注重分配中劳动要素的比例、作用，并不断通过制度化予以完善。邓小平倡导劳动致富，强调了劳动中技术、贡献和能力的重要性，“按劳分配就是按劳动的数量和质量进行分配”。邓小平强调要坚持尊重劳动与尊重人才的统一。他非常尊重劳动，特别推崇劳动致富、劳动光荣，将劳动视为脱离贫困、创造幸福和实现人生价值的根本路径。他指出，“为了创造社会主义的幸福生活，没有极艰苦的劳动，是不可能的”[①]。而且，他认为，通过尊重和保护一切有益于人们和社会的劳动，通过尊重人们运用知识、技术进行劳动，可以进一步团结人，调动人的积极性，激发人的创造性，可以把人民群众中蕴藏的巨大能量充分释放出来，为经济建设提供坚强的人才保证和智力支持，能更好地服务人民、造福社会。江泽民对分配制度进行了完善，提出“确立劳动、资本、技术和管理等生产要素按贡献参与分配的原则，完善按劳分配为主体、多种分配方式并存的分配制度”[②]。习近平

① 《邓小平文选》（第1卷），北京：人民出版社，1994年，第276页。

② 江泽民：《全面建设小康社会 开创中国特色社会主义事业新局面——在中国共产党第十六次全国代表大会上的报告》，北京：人民出版社，2002年，第28页。

鲜明指出，坚持按劳分配原则，完善按要素分配的体制机制，促进收入分配更合理、更有序。这些重要论述，丰富和发展了中国共产党人的劳动观，也为与时俱进健全完善分配制度提供了重要遵循。

第二章

新时代劳动观的历史维度：历史嬗变中的劳动审视

对劳动的不同理解呈现出对历史观的不同理解。从新时代劳动观的历史维度考察，劳动是人类的本质活动、是社会发展的重要动力。它为我们党坚持以人民为中心的发展思想提供了理论支撑，是党的全心全意依靠工人阶级方针的重要理论基础。

历史观是指人们关于人类社会历史的总的看法和根本观点的理论体系。历史观涉及许多的重大历史问题，诸如社会存在和社会意识的关系，社会历史发展有无内在的动力和客观规律性，阶级斗争、人民群众、杰出人物在历史上的作用等问题。社会存在与社会意识的关系问题是历史观的基本问题。[①] 在劳动的过程中，人的躯体与思维不断地趋于完善，使人越来越具有人的属性，创造着历史。对劳动的不同理解呈现出对历史观的不同理解：一种是为了实现人的本质的劳动，从而产生具有社会发展规律的历史观，另一种是能够满足需要的劳动，从而产生人的自由发展的历史观。历史维度下，马克思不仅作为剧作者，而且作为剧中人将自我实现和满足需要的两种劳动结合起来，并且指出劳动具有双重关系：一是自然关系，二是社会关系。这两种关系通过自然关系揭示了隐藏在社会关系背后的人与人之间的关系。

---

① 倪志安：《马克思主义哲学原理新探》，北京：人民出版社，2010 年，第 282 页。

从新时代劳动观的历史维度考察，劳动是人类的本质活动、是社会发展的重要动力，它深刻阐释了劳动创造的历史价值、历史地位、历史意义，在新时代劳动观中居于基础性、支配性的地位；它为我们党坚持以人民为中心的发展思想提供了理论支撑，是党的全心全意依靠工人阶级方针的重要理论基础。

第一节　新时代劳动观的历史考察

一、劳动是人类的本质活动

唯物史观揭示了劳动是人类社会产生的基础和前提，劳动创造了人类本身，劳动与人类社会历史共始终。劳动是具体的社会历史活动。从历史观的视角来看，从事着实践活动的人创造着人类历史，实践基础上的广大人民群众既是历史的“剧中人”，也是历史的“剧作者”。[①] 人在改变自然的过程中创造了自己：首先，让自己从四肢爬行的动物变成直立行走的动物，创造了自己的肉体；其次，在劳动中心智不断丰富发展，让自己

① 张富文：《马克思主义人本思想中国化研究》，北京：人民出版社，2019 年，第 44 页。

的活动越来越具有能动性、自觉性；最后，在劳动中结成社会组织，使人成为社会的人。劳动是创造人的真正"上帝"，劳动是人的本质。人借助劳动这个重要中介，不断克服生存生活中的矛盾，并在劳动过程中不断满足物质精神文化需要，发展完善自己。劳动不仅是个人获得生存、满足需求的重要手段，民族和国家的发展壮大也需要劳动的支持。在劳动基础上，人类不仅创造了物质财富和精神财富来满足自我需求，还推动人类交往活动范围的扩大和人类自由的提升，同时也积累了社会发展的先进知识，推动人类社会不断向前发展。劳动是人类历史的根基所在，是最厚实的底色。

习近平在多个场合阐述了这一观点。2013 年 4 月 28 日，他走进全国总工会机关大楼，在同全国劳动模范代表座谈时指出，"人民创造历史，劳动开创未来"①。2015 年 4 月 28 日，他在庆祝"五一"国际劳动节暨表彰全国劳动模范和先进工作者大会上发表了重要讲话，着重强调了"劳动是人类的本质活动""劳动光荣、创造伟大是对人类文明进步规律的重要诠

① 习近平：《在同全国劳动模范代表座谈时的讲话》，《人民日报》2013 年 4 月 29 日。

释”[①]。2016 年 4 月 26 日，他来到安徽合肥，在中国科学技术大学与知识分子、劳动模范、青年代表座谈，再次强调了“人类是劳动创造的，社会是劳动创造的”[②]的观点。

习近平的这些观点，与马克思主义经典作家的思想如出一辙。马克思深刻指出，“对社会主义的人来说，整个所谓世界历史不外是人通过人的劳动而诞生的过程，是自然界对人来说的生成过程”[③]。劳动是人类所特有的一种能动的改造世界的实践活动。劳动把人同动物区别开来，把人从自然界中提升出来。马克思在《德意志意识形态》中说，“可以根据意识、宗教或随便别的什么来区别人和动物。当人开始生产自己的生活资料的时候，这一步是由他们的肉体组织所决定的，人本身就开始把自己和动物区别开来”[④]。直立行走、手脚分工、人脑的形成以

① 习近平：《在庆祝“五一”国际劳动节暨表彰全国劳动模范和先进工作者大会上的讲话》，北京：人民出版社，2015 年，第 2–3 页。

② 习近平：《在知识分子、劳动模范、青年代表座谈会上的讲话》，北京：人民出版社，2016 年，第 8–9 页。

③ 马克思：《1844 年经济学哲学手稿》，北京：人民出版社，2000 年，第 92 页。

④ 马克思、恩格斯：《德意志意识形态》，《马克思恩格斯选集》（第 1 卷），北京：人民出版社，1995 年第 2 版，第 67 页。

至制造工具、抽象思维和语言，这些人类特有的标志都是人类祖先的动物本能活动向人类劳动转化过程中逐步形成的，也是在劳动的发展中进一步完善的。因此，恩格斯指出，“劳动是整个人类生活的第一个基本条件，而且达到这样的程度，以至我们在某种意义上不得不说：劳动创造了人本身[①]”。正是在劳动的直接推动下，人类经历了从早期猿人到晚期智人的发展过程。劳动促使人类的脑量不断增大优化，使人类体态特征越来越区别于猿而近似于现代人，而且使劳动工具日益改进和多样化，物质生活逐渐丰富起来，人类还因此拥有了独有的精神生活。人是生产劳动者，能够凭借自己制造的工具，改变自然界物质的形态和生存的自然环境，以满足自己的生活需要，适合自己的生存。

二、劳动是社会发展的重要动力

劳动缔造着人类的社会发展史，这是马克思主义劳动学说的经典论断。“他周围的感性世界决不是某种开天辟地以来就直接存在的、始终如一的东西，而是工业和社会状况的产物，是

---

① 恩格斯：《自然辩证法》，北京：人民出版社，2015 年，第 303 页。

历史的产物，是世世代代活动的结果，其中每一代都立足于前一代所奠定的基础上，继续发展前一代的工业和交往，并随着需要的改变而改变他们的社会制度。”[①] 马克思高度评价了劳动在推动历史发展和社会进步中的伟大意义，认为劳动是人类最基本和最重要的社会实践。无论物质文明还是精神文明，都是人类在共同劳动过程中，发挥主观能动性改造客观世界的过程中形成的。“无论不从事生产的上层发生什么变化，没有一个生产者阶级，社会就不能生存。”[②] 劳动不只意味着人类同自然界的关系，而且也因为劳动而形成人与人之间的社会关系。因此，劳动不仅不断生产人们所必需的生活资料，也同时不断生产人们的社会关系。人的语言、思维等其他社会属性，也是在生产劳动中产生和发展的。劳动是人与自然、人与社会、人与人这三大基本关系得以实现的中介。马克思、恩格斯正是从劳动这一概念着手，形成历史唯物主义关于社会存在和社会意识、生产力和生产关系、经济基础和上层建筑、阶级与阶级斗争、国

---

① 《马克思恩格斯文集》（第 1 卷），北京：人民出版社，2009 年，第 528 页。

② 《马克思恩格斯全集》（第 19 卷），北京：人民出版社，1963 年，第 315 页。

家和革命、社会形态的演变、共产主义和全人类解放的完整学说，即“在劳动发展史中找到了理解全部社会史的锁钥的新派别”。[①]

习近平肯定了劳动是推动人类社会进步的根本力量。2013年4月28日，他在同全国劳动模范代表座谈时指出，“劳动是推动人类社会进步的根本力量”[②]。劳动决定着社会的产生、变化与发展，人们在劳动中推动社会历史的发展。劳动创造了工业、科学、艺术等社会的整个历史。离开劳动，无论是物质生产还是精神生产，乃至人类自身的生产，都不可能产生和存在。在历史长河中，正是千百万的劳动人民以辛勤的劳动、伟大的创造、不懈的追求，把人类文明不断推向前进。习近平强调，我国工人阶级和广大劳动群众要更加紧密地团结在党中央周围，勤奋劳动、扎实工作，锐意进取、勇于创造，在实现“两个一百年”奋斗目标的伟大征程上再创新的业绩，以劳动

① 《马克思恩格斯选集》（第4卷），北京：人民出版社，1972年，第254页。

② 习近平：《在同全国劳动模范代表座谈时的讲话》，《人民日报》2013年4月29日。

托起中国梦。[①]

人民创造历史，劳动开创未来。习近平指出，“劳动创造了中华民族，造就了中华民族的辉煌历史，也必将创造出中华民族的光明未来”[②]，“劳动是一切成功的必经之路”[③]。人民的奋斗和劳动，创造了历史、书写着当代、成就着未来。2015 年 4 月 28 日，他在庆祝“五一”国际劳动节暨表彰全国劳动模范和先进工作者大会上指出，“中华民族是勤于劳动、善于创造的民族。正是因为劳动创造，我们拥有了历史的辉煌；也正是因为劳动创造，我们拥有了今天的成就”“全面建成小康社会，进而建成富强民主文明和谐的社会主义现代化国家，根本上靠劳动、靠劳动者创造”[④]。伟大梦想不是等得来、喊得来的，而是拼出来、干出来的。习近平在党的十九大报告中指出：“历史只会眷

① 习近平：《在庆祝“五一”国际劳动节暨表彰全国劳动模范和先进工作者大会上的讲话》，北京：人民出版社，2015 年，第 13–14 页。

② 习近平：《在同全国劳动模范代表座谈时的讲话》，《人民日报》2013 年 4 月 29 日。

③ 习近平：《在乌鲁木齐接见劳动模范和先进工作者、先进人物代表时的讲话》，《人民日报》2014 年 5 月 1 日。

④ 习近平：《在庆祝“五一”国际劳动节暨表彰全国劳动模范和先进工作者大会上的讲话》，北京：人民出版社，2015 年，第 2–3 页。

顾坚定者、奋进者、搏击者，而不会等待犹豫者、懈怠者、畏难者。全党一定要保持艰苦奋斗、戒骄戒躁的作风，以时不我待、只争朝夕的精神，奋力走好新时代的长征路。’[①] 新时代的答卷要靠劳动来书写，人民对美好生活的向往也要靠奋斗来实现。只有苦干实干，才能走好新时代的长征路。

第二节 劳动塑造了治国理政的人民立场

新时代劳动观是坚持以人民为中心的发展思想的重要理论基础。劳动群众作为劳动的主体，创造着人类生存的物质资料，是维持社会存在最基本的要素。任何一个民族、任何时间都不能停止劳动生产，否则，用不了多久必然会走向灭亡。可见，物质资料的生产是维持人类社会存在和发展的关键因素，也是世界历史向前发展的必要前提。为了人类社会的绵延不绝和人类历史的源远流长，就必须满足人的生活，那么就需要具备最基本的生活条件，即吃穿住行等以及其他一些东西，因此，人

① 《中国共产党第十九次全国代表大会文件汇编》，北京：人民出版社，2017 年，第 56 页。

们创造历史的第一个行为就是生产物质生活本身。劳动群众正是物质生活的创造者，并且创造着物质财富，建立起一切社会发展的经济基础。人们在建立经济基础的过程中，形成了不以人的意志为转移的关系，发展生产力、创新科学技术，达到生产力与生产关系相适应的水平，进行社会关系的变革，推动了社会的进步。与此同时，在劳动过程中人与人相联结，从而形成劳动者的联合——劳动群众，劳动群众正是参与者（历史创造一刻也不能离开劳动群众）和观察者（见证了社会变革、历史创造的全过程）的结合，从而在历史的维度下实现着劳动的创造。

马克思指出，社会是人的社会，历史是人的历史，人是历史发展的主体，历史脱离了人对世界的改造活动没有任何意义。[①] 马克思、恩格斯在《神圣家族》中肯定了人是创造历史、变革历史的决定力量。“历史什么事情也没有做……正是人，现实的、活生生的人在创造这一切、拥有这一切并且进行战斗。并不是‘历史’把人当作手段来达到自己……的目的。历史不

① 魏小萍：《历史主客体导论：从宏观向微观的深化》，北京：北京出版社，1999 年，第 149 页。

过是追求着自己目的的人的活动而已。”[①]现实生活中的人是人类社会的创造者，并且变革着一切社会关系。根据马克思对劳动内在结构的价值性分析，随着劳动内在结构由劳动对象为主导，到劳动工具为主导，再到劳动者为主导的历史演化，人类文明不断发展。未来社会是劳动者主导的社会，是劳动自由、劳动幸福的社会，是人的自由全面发展的社会。

勤劳勇敢的中国人民是中华民族生生不息、发展壮大的脊梁。回眸上下五千年，波澜壮阔的中华民族发展史是中国人民书写的，博大精深的中华文明是中国人民创造的，历久弥新的中华民族精神是中国人民培育的，中华民族迎来了从站起来、富起来到强起来的伟大飞跃是中国人民奋斗出来的。必须深刻认识人民群众是历史发展和社会进步的主体力量，紧紧依靠人民创造历史伟业。

我们党从诞生之日起，就把以人民为中心牢牢镌刻在自己的旗帜上。党的十八大以来，以习近平同志为核心的党中央结合中国特色社会主义事业发展实际，进一步深化了马克思主义人民立场的理论与实践，创造性地提出了坚持以人民为中心

①《马克思恩格斯文集》（第 1 卷），北京：人民出版社，2009 年，第 295 页。

的发展思想。习近平多次强调人民群众的主体地位，鲜明指出“人民是创造历史的动力，我们共产党人任何时候都不要忘记这个历史唯物主义最基本的道理”[①]。按照新时代劳动观，人民创造历史，劳动开创未来。沿着这一思想理论进行推衍，我们党在治国理政中必须坚持人民立场，这是中国共产党的根本政治立场，也是马克思主义政党区别于其他政党的显著标志；必须坚持人民主体地位，彰显人民至上的价值取向；必须坚定地推进以人民为中心的发展思想，把人民利益摆在至高无上的地位，坚持一切为了人民、一切依靠人民，永远保持对人民的赤子之心，永远同人民站在一起，不断把为人民造福事业推向前进。

习近平多次强调，“人民是历史的创造者，是决定党和国家前途命运的根本力量”[②]。人民群众是我们力量的源泉，他们对切身利益的追求、对美好生活的向往，推动着社会历史的发展和进步。中国的发展成就是中国人民用自己的双手创造的，是一代又一代中国人顽强拼搏、接力奋斗创造的。中国人民拥有

---

① 《习近平同志 2010 年 3 月 1 日在中央党校春季学期开学典礼上的讲话》,《学习时报》2010 年 3 月 8 日。

② 习近平:《在纪念中国人民抗日战争暨世界反法西斯战争胜利 75 周年座谈会上的讲话》，北京：人民出版社，2020 年，第 11 页。

伟大梦想，更拥有为实现伟大梦想而吃苦耐劳、实干苦干的伟大精神。勤劳勇敢的中国人民是中华民族生生不息、发展壮大的脊梁。实现我们的奋斗目标，开创我们的美好未来，必须紧紧依靠人民、始终为了人民。“我们一定要始终与人民心心相印、与人民同甘共苦、与人民团结奋斗，夙夜在公，勤勉工作，努力向历史、向人民交出一份合格的答卷。”①2018 年 12 月 18 日，在庆祝改革开放 40 周年大会上，习近平指出，40 年来取得的成就不是天上掉下来的，更不是别人恩赐施舍的，而是全党全国各族人民用勤劳、智慧、勇气干出来的。②

我们党来自人民、扎根人民、造福人民，全心全意为人民服务是党的根本宗旨，必须以最广大人民根本利益为我们一切工作的根本出发点和落脚点，坚持把人民拥护不拥护、赞成不赞成、高兴不高兴作为制定政策的依据，顺应民心、尊重民意、关注民情、致力民生，既要通过提出并贯彻执行正确的理论和

① 《人民对美好生活的向往，就是我们的奋斗目标》（2012 年 11 月 15 日），《十八大以来重要文献选编》（上），北京：中央文献出版社，2014 年，第 70 页。

② 习近平：《在庆祝改革开放 40 周年大会上的讲话》，北京：人民出版社，2018 年，第 19 页。

路线方针政策带领人民前进，又要从人民实践创造和发展要求中获得前进动力，让人民共享改革开放成果，激励人民更加自觉地投身改革开放和社会主义现代化建设事业。面向未来，我们必须坚持同人民在一起。紧紧依靠人民，充分发挥人民主体作用，尊重人民首创精神，为了人民干事创业，依靠人民干事创业。我们要坚持“以百姓心为心”，倾听人民心声，汲取人民智慧，始终把实现好、维护好、发展好最广大人民根本利益，作为一切工作的出发点和落脚点，让经济社会发展成果更多更公平地惠及全体人民。

第三节　劳动为党的“依靠”方针提供了理论支撑

工人阶级是劳动阶级，是推动先进生产力发展和社会全面进步的根本力量。按照新时代劳动历史论，劳动是社会发展的重要动力，工人阶级是推动经济社会发展的主力军，是我们党最坚实可靠的力量。

中国工人阶级是近代以来我国最先进的阶级，与最先进的经济形式相联系，力量最集中，掌握先进技术知识最多，代表着新的生产力和生产关系；工人阶级不仅是资本主义制度的埋葬者，而且是社会主义、共产主义社会的创建者。一百年来，他们积极投身革命、建设、改革开放和实现中华民族伟大复兴中国梦的壮丽事业，付出了艰苦努力，创造了辉煌业绩，奏响了"咱们工人有力量"的时代凯歌。在我们党领导人民奋斗的历史进程中，工人阶级始终紧跟党的前进步伐，积极投身时代洪流，始终坚定地走在全民族伟大奋斗的最前列，勇挑重担，发挥了先进阶级的主力军作用，展现出领导阶级的伟大力量。

特别是在改革开放的历史进程中，我国工人阶级立足本职、争创一流，顽强拼搏、开拓创新，坚定地走在时代发展的前列，历史性地担负起领导阶级的使命，成为党和国家事业发展的坚强脊梁，创造了一个又一个人间奇迹。从改革之初的城市经济体制改革，到建立社会主义市场经济体制和逐步深化国有企业改革，再到进入新世纪新阶段完善社会主义市场经济体制、全面建成小康社会等各个时期，工人阶级始终以高度的主人翁精神和伟大的创造力量，为促进国民经济跨越式发展和社会全面进步，作出了巨大贡献。党的十八大以来，中国特色社会主义进入新时代。我国工人阶级以高度的主人翁使命感和历史责任感，立足本职、胸怀全局，自觉把人生理想、家庭幸福融入国家富强、民族复兴的伟业之中，把个人梦与中国梦紧密联系在一起，始终以国家主人翁姿态为坚持和发展中国特色社会主义作出贡献，用智慧和汗水营造了劳动光荣、知识崇高、人才宝贵、创造伟大的社会风尚，谱写了“中国梦·劳动美”的新篇章。

全心全意依靠工人阶级，是毛泽东关于工人阶级理论的高度概括，早在党的七届二中全会上就提出来了。此后，历届党的领导人都高度重视并重申了这一方针。习近平继承和发展了这一方针，在两个大的方面进行了发展创新。一方面，他澄清了社会上一些模糊、错误的认识。2015 年 4 月 28 日，习近平在庆祝“五一”国际劳动节暨表彰全国劳动模范和先进工作者大会上着重强调：“那种无视我国工人阶级成长进步的观点，那种无视我国工人阶级主力军作用的观点，那种以为科技进步条件下工人阶级越来越无足轻重的观点，都是错误的、有害的。不论时代怎样变迁，不论社会怎样变化，我们党全心全意依靠工人阶级的根本方针都不能忘记、不能淡化，我国工人阶级地位和作用都不容动摇、不容忽视。”[①] 另一方面，他针对当前贯

① 习近平：《在庆祝“五一”国际劳动节暨表彰全国劳动模范和先进工作者大会上的讲话》，北京：人民出版社，2015 年，第 11 页。

彻落实这一方针存在的突出问题，强调指出，“全心全意依靠工人阶级，要解决认识问题，更要解决实践问题”[①]“全心全意依靠工人阶级不能只当口号喊、标签贴”[②]“各级党委和政府要把全心全意依靠工人阶级的根本方针贯彻到经济、政治、文化、社会、生态文明建设以及党的建设各方面，落实到党和国家制定政策、推进工作全过程，体现到企业生产经营各环节”。[③]2017 年 4 月，他亲自主持制定的《中共中央国务院新时期产业工人队伍建设改革方案》，提出了 5 个方面、25 项具体改革举措，力图从政治上保证、制度上落实、素质上提高、权益上维护等维度[④]，推动依靠方针落到实处。全心全意为工人阶级和广大劳动群众谋利益，是我国社会主义制度的根本要求，是党和国家的神圣职责，也是发挥我国工人阶级和广大劳动群

---

① 习近平：《在庆祝“五一”国际劳动节暨表彰全国劳动模范和先进工作者大会上的讲话》，北京：人民出版社，2015 年，第 5–5 页。

② 习近平：《在同全国劳动模范代表座谈时的讲话》，《人民日报》2013 年 4 月 29 日。

③ 习近平：《在庆祝“五一”国际劳动节暨表彰全国劳动模范和先进工作者大会上的讲话》，北京：人民出版社，2015 年，第 11 页。

④ 《习近平主持召开中央全面深化改革领导小组第三十二次会议》，《人民日报》2017 年 2 月 7 日。

众主力军作用最重要最基础的工作。

习近平指出："每一代人有每一代人的长征路，每一代人都要走好自己的长征路。"[①] 新时代中国共产党人和中国人民的长征，就是要实现"两个一百年"奋斗目标、实现中华民族伟大复兴的中国梦。今天，我们比历史上任何时期都更接近、更有信心和能力实现中华民族伟大复兴的目标。但这也绝不是轻轻松松、敲锣打鼓就能实现的，必须要付出更为艰巨、更为艰苦的努力。"立足新发展阶段，贯彻新发展理念，构建新发展格局，推动高质量发展，在危机中育先机、于变局中开新局，必须紧紧依靠工人阶级和广大劳动群众，开启新征程，扬帆再出发。"[②] 这些都是新时代劳动历史论的具体体现。

---

① 习近平：《在纪念红军长征胜利 80 周年大会上的讲话》，北京：人民出版社，2016 年，第 10 页。

② 习近平：《在全国劳动模范和先进工作者表彰大会上的讲话》，北京：人民出版社，2020 年，第 4 页。

第四节　劳动是揭开人类历史之谜的钥匙

劳动是人与自然之间的物质变换过程，是人以自身活动引起、调整和控制人与自然之间的物质变换过程。人在改变外部自然的同时，也使人自身得以改变和完善。劳动决定着社会的产生、变化和发展。劳动是揭开人类历史之谜的钥匙。只有从劳动观点出发，才能真正理解人类社会的存在和发展。马克思指出："任何一个民族，如果停止劳动，不用说一年，就是几个星期，也要灭亡，这是每一个小孩子都知道的。[①]"所以，审视新时代劳动观，劳动历史论居于基础性、支配性的地位，贯穿于新时代劳动观的各个方面，它影响和决定着劳动价值论、劳动正义论、劳动幸福论、劳动教育论和劳动实践论。

从历史维度看，历史过程中决定性的东西归根结底是物质资料的生产和再生产，人类的历史首先是生产发展的历史。人民和人民群众是社会物质和精神财富的创造者，是社会物质资

① 《马克思恩格斯文集》(第 10 卷)，北京：人民出版社，2009 年，第 289 页。

料和生活资料的生产者，也是社会物质和精神生活的享用者、社会物质资料和生活资料的消费者。在物质资料的生产和再生产中，劳动者通过劳动资料改造劳动对象、创造价值，形成了物质财富。劳动不仅生产物质财富，也生产精神财富，是人类社会一切物质财富和精神财富的源泉，“整个世界都弥漫着劳动的恩惠”。精神财富的产生，使得劳动本身也具备了价值引领的作用，习近平一贯大力倡导的劳模精神、劳动精神、工匠精神等“三大精神”，就是一个集中体现。劳动是价值的源泉、财富的源泉，加之劳动本身具有的开时代风气之先的价值引领作用，正是新时代劳动价值论的重要内容。

循着新时代劳动观的历史逻辑继续研究下去，劳动创造价值、创造财富，劳动要素在财富分配的话语权等应该占有重要的一席之地。多劳多得，少劳少得，不劳动者不得；技高者多得，技低者少得，应该是最基本、最朴素的分配正义、劳动正义。维护劳动者合法权益，保护劳动者所得，构建和谐劳动关系，共建共享劳动成果，这些都是新时代劳动正义的追求之道。

按照历史逻辑研究还发现，劳动是社会发展的重要动力，劳动是人的劳动，必须持续给人注入动力，让劳动给人以幸福、快乐、自由。因此，新时代的劳动，客观上要求必须坚守以人民为中心的发展思想，通过劳动创造幸福，通过劳动，让人体验到快乐、身心愉悦，让人感受到劳动的意识之美、行为之美、成果之美。新时代，要让光荣属于劳动者、幸福属于劳动者，实现自由的劳动、合乎人性的劳动、幸福感满满的劳动。这些，正是人的存在方式，也是人之为人的本质，回归劳动的历史本源。劳动幸福论在这里实现了与劳动历史论的理论合流。

研究分析至此，新时代劳动观的历史、价值、正义、幸福等各个维度实现了高度融合，它们同宗同源、联系紧密。这些劳动思想共识，必须通过教育深入人心、家喻户晓，引导人们的思维和习惯，成为全社会每个人的思想自觉和行动自觉，劳动必须与教育相结合。另外，新时代的教育，是“德智体美劳”全面发展、一体推进的教育，这既是时代发展的客观需要，也是教育本身的内在要求，更是一个人成长进步的现实路径，教育也必须与劳动相结合。劳动教育，首先就要从劳动历史观的培养和树立入手，让劳动教育成为人的一种积极的生存方式，使通过劳动来推动经济社会发展、创造美好幸福生活达成社会共识、形成共同心声、成为普遍追求。

说一千、道一万，不干，半点马克思主义也没有！历史地考察新时代劳动观，其核心论断是：劳动创造世界、劳动开创未来。社会主义是干出来的，新时代是奋斗出来的。接下来一个很重要的事情，就是要进行具体的劳动实践。离开劳动，人类将失去推动世界发展进程的力量，甚至造成人的精神的蜕变，人类的一切梦想，将沦为镜花水月。基于历史的视角，正是劳动开启了人类创造世界的大门，在通往人类梦想的道路上只能靠劳动实践。

第三章

新时代劳动观的价值维度：价值创造和价值引领的双重特质

劳动作为人类社会一切物质财富和精神财富的源泉，在人类生存与发展中具有根本作用。从新时代劳动观的价值维度深入研究，劳动具有价值创造和价值引领的双重特质。劳模精神、劳动精神、工匠精神“三大精神”标定了新时代的精神坐标。

劳动作为人类社会一切物质财富和精神财富的源泉，在人类生存与发展中具有根本作用。从新时代劳动观的价值维度深入研究，劳动具有价值创造和价值引领的双重特质：一方面，劳动创造了物质财富，是价值创造的源泉；另一方面，劳动也创造了精神财富，具有价值引领的功能，集中体现为习近平一贯倡导的“三大精神”——劳模精神、劳动精神、工匠精神。它丰富和发展了以爱国主义为核心的民族精神和以改革创新为核心的时代精神，标定了新时代的精神坐标。

第一节　劳动是价值创造的源泉

马克思的劳动价值论，是马克思主义政治经济学的基础。马克思的劳动价值论，是马克思在批判继承古典政治经济学劳动价值论的基础之上创立的，是一个完整的、科学的理论体系，包括诸多范畴，例如：商品的二重性、劳动的二重性、价值的本质、价值实体、价值量、价值载体、价值形式、价值构成、价值转形、价值规律、国际价值等。深化和发展劳动价值论，必须全面理解马克思的劳动价值论，这是基础。[①]

新中国成立以来，我国理论界对马克思的劳动价值论的讨论大约有五次：第一次是20世纪50年代中后期关于社会主义制度下商品生产和价值规律问题的讨论；第二次是20世纪70年代末关于价值规律问题的讨论；第三次是20世纪80年代初关于“生产劳动”的讨论；第四次是20世纪90年代初关于“价值创造源泉”的讨论；第五次是中央提出“在新的历史条件下，要深化对社会主义社会劳动和劳动价值理论的研究和认识”后，全国上下展开的新一轮关于劳动价值理论的学习和讨论。[②]

劳动的根本作用和本质内涵在于改变系统的价值总量，自然界为劳动提供材料，劳动把材料变为财富，成为价值创造的源泉。人有目的地作用于自然界，利用劳动改变自然物的形态和性质，使各种原料成为人类生活需要的财富。价值是体现在人们相互交换劳动的关系上的，只能由人来创造，而不能由物

① 李铁映：《劳动价值论笔记》，北京：人民出版社，2017年，第9页。

② 李铁映：《劳动价值论笔记》，北京：人民出版社，2017年，第2–4页。

来创造。随着现代科技的进步和生产力的发展，未来更多的机器人投入生产是一个必然的趋势，但这并不意味着人类就退出生产劳动，甚至会被机器人生产所代替。马克思曾经指出："对资本说来，只有在机器的价值和它所代替的劳动力的价值之间存在差额的情况下，才会使用机器。"[①] 使用机器进入生产只是为了节省成本、获得更多的利润，但是并没有改变工人通过劳动创造价值的本质。人类社会的发展一刻也不能离开劳动，乃至在时代发展的今天，赖以生存的全部物质资料都仍由劳动来创造。

劳动一方面创造着人类的生活资料，另一方面也创造着人类的精神世界。劳动所创造的精神文化，伴随着劳动过程是内在于心、外在于行的实践活动。劳动使得人的大脑、肌肉、四肢、骨骼、意识等不断地完善，逐渐适应新的环境，随后将越来越优质的基因遗传到下一代，循环往复，人的灵敏性和智力螺旋式上升、发展、优化，更好地适应新的社会方式，以更加复杂的社会行为来满足自身的精神追求，"以致像施魔法一样

① 《马克思恩格斯选集》(第 2 卷)，北京：人民出版社，1995 年，第 208 页。

产生了拉斐尔的绘画、托瓦森的雕刻和帕格尼尼的音乐"①。优秀的精神文化成果在代代相传、代代更新、代代变迁下，缔造着属于人类特有的历史文化，造就着人类自由而全面发展的一切优良结果的加总。精神文化是引领人类社会发展的指示器：一方面，它区分了动物和人——动物只是满足自身的需要，只具有单个的属性；而人不仅可以满足自身的需要，而且可以按照任何一个尺度作用于对象，主动地按照美的规律来构建，具有双重的属性。另一方面，精神文化又极大地丰富了人类社会生活。

习近平给劳动价值论注入了时代特点和中国元素。他特别关注劳动创造价值这一事实本身，是对人的劳动价值的承认，在充分承认非劳动生产要素作用的基础上，突出强调人的劳动的作用。它为树立劳动光荣的观念提供了理论支撑，为坚持以人民为中心的发展理念提供了思想源泉。习近平强调劳动成果应由人民共享，重视劳动要素参与分配，这一点，我们在后面将详细阐述。

习近平热情礼赞了劳动的价值，"人世间的一切幸福都需

① 恩格斯：《自然辩证法》，北京：人民出版社，2015年，第305页。

要靠辛勤的劳动来创造”[①]，“全面建成小康社会，进而建成富强民主文明和谐的社会主义现代化国家，根本上靠劳动、靠劳动者创造”[②]。反复强调“人世间的美好梦想，只有通过诚实劳动才能实现”[③]。新中国成立后，我们从一穷二白到初步建立起比较完整的现代工业体系[④]，靠的是战天斗地的劳动激情；改革开放以来，我们由经济崩溃的边缘到成为世界经济的重要引擎[⑤]，靠的是开拓进取的劳动精神；近年来，面对严峻复杂的国际政治经济环境[⑥]，我们从步履蹒跚走出危机到实现经济平稳较快发展，特别是当前新冠肺炎疫情下我国率先复工复产复商，靠的

① 《人民对美好生活的向往，就是我们的奋斗目标》，《十八大以来重要文献选编》(上)，北京：中央文献出版社，2014年，第70页。

② 习近平：《在庆祝“五一”国际劳动节暨表彰全国劳动模范和先进工作者大会上的讲话》，北京：人民出版社，2015年，第2–3页。

③ 《习近平谈治国理政》(第1卷)，北京：外文出版社，2018年，第46页。

④ 目前，我国是全世界唯一拥有联合国产业分类中所列全部工业门类41个工业大类、207个工业中类、666个工业小类的国家。

⑤ 我国是世界第二大经济体，对世界经济增长的贡献达30%左右。

⑥ 主要指2008年因美国次贷危机引发的全球金融危机，影响至今。一波未平，另一波又起。2018年，特朗普政府不顾中方劝阻，由美国单方面挑起了一系列贸易摩擦，给中美贸易关系蒙上了浓重的阴影，中美两国进入了前所未有的贸易摩擦期。

仍然是共克时艰的劳动信念。

习近平十分重视劳动的价值引领作用，多次在重要会议、重要场合围绕崇尚劳动、热爱劳动，充分发挥劳模示范引领作用发表重要讲话，勉励劳动模范和广大劳动者，礼赞劳动创造，讴歌劳模精神、劳动精神、工匠精神，不断形塑中国人的精神风貌。2013 年 4 月 28 日，习近平亲临全总机关同全国劳模代表座谈时指出，“长期以来，广大劳模以平凡的劳动创造了不平凡的业绩，铸就了‘爱岗敬业、争创一流，艰苦奋斗、勇于创新，淡泊名利、甘于奉献’的劳模精神，丰富了民族精神和时代精神的内涵，是我们极为宝贵的精神财富”[①]。这是他担任党的总书记以来，首次对劳模精神的内涵进行阐述，对其时代意义进行褒扬和升华。2014 年 4 月 30 日，习近平在乌鲁木齐接见劳模先进人物代表时提出，“要在全社会大力弘扬劳动光荣、知识崇高、人才宝贵、创造伟大的时代新风，促使全体社会成员弘扬劳动精神，推动全社会热爱劳动、投身劳动、爱岗

① 习近平：《在同全国劳动模范代表座谈时的讲话》，《人民日报》2013 年 4 月 29 日。

敬业”①。这是习近平在讲话中首次提出“劳动精神”这一重要的创新性概念。2015 年 4 月 28 日，习近平在庆祝“五一”国际劳动节暨表彰全国劳动模范和先进工作者大会上强调，“在前进道路上，我们要始终弘扬劳模精神、劳动精神，为中国经济社会发展汇聚强大正能量”②。这是习近平首次将劳模精神、劳动精神这两个同根同源的精神财富并列起来讲。2016 年 4 月 26 日，习近平在安徽主持召开知识分子、劳模、青年代表座谈会时强调：“无论从事什么劳动，都要干一行、爱一行、钻一行。在工厂车间，就要弘扬‘工匠精神’，精心打磨每一个零部件，生产优质的产品③。”这是习近平在讲话中首次提出“工匠精神”这一新的概念，工匠精神开始焕发时代之光。2017 年 10 月 18 日，习近平在党的十九大报告中明确指出，“弘扬劳模精神和工匠精神，营造劳动光荣的社会风尚和精益求精的敬业风

① 习近平：《在乌鲁木齐接见劳动模范和先进工作者、先进人物代表时的讲话》，《人民日报》2014 年 5 月 1 日。

② 习近平：《在庆祝“五一”国际劳动节暨表彰全国劳动模范和先进工作者大会上的讲话》，北京：人民出版社，2015 年，第 3 页。

③ 习近平：《在知识分子、劳动模范、青年代表座谈会上的讲话》，北京：人民出版社，2016 年，第 8–9 页。

气”[①]。劳模精神、工匠精神也走到了一起，并首次历史性地写入了党的全国代表大会报告。2018 年 10 月 29 日，习近平在同全总新一届领导班子成员集体谈话时指出，“劳动模范是民族的精英、人民的楷模。大国工匠是职工队伍中的高技能人才”[②]。这是习近平在讲话中首次将“三大精神”并列，把劳动的价值引领提升到了一个新的高度。2020 年 11 月 24 日，习近平在全国劳动模范和先进工作者表彰大会上指出，“在长期实践中，我们培育形成了爱岗敬业、争创一流、艰苦奋斗、勇于创新、淡泊名利、甘于奉献的劳模精神，崇尚劳动、热爱劳动、辛勤劳动、诚实劳动的劳动精神，执着专注、精益求精、一丝不苟、追求卓越的工匠精神”[③]。这是习近平首次对“三大精神”内涵进行全面、系统、透彻的阐释，标志着我们对劳模精神、劳动精神、工匠精神的认识达到了一个新水平，广泛的社会共识业已形成。

以上这些关于劳动和劳动价值的重要思想，充分体现了

① 《中国共产党第十九次全国代表大会文件汇编》，北京：人民出版社，2017 年，第 31 页。

② 《习近平同中华全国总工会新一届领导班子成员集体谈话并发表重要讲话》，新华社，2018 年 10 月 29 日。

③ 习近平：《在全国劳动模范和先进工作者表彰大会上的讲话》，北京：人民出版社，2020 年，第 4 页。

习近平对劳动的尊崇，对劳动者的礼赞，对劳动模范和工匠人才的褒扬，对劳动价值的充分肯定。习近平极力为劳动正名，赋予劳动精神以人格化和具体化，强调了人在劳动这种价值创造活动中，既创造物质财富又创造精神财富，既使物的世界增殖又使人的精神世界升华，进一步发展了马克思主义劳动价值观，具有重大的政治号召意义、理论指引意义、实践导向意义。

第二节　“三大精神”标定了新时代的精神坐标

一、劳模精神的内涵

习近平关于劳模精神内涵的概括，沿用了江泽民、胡锦涛等对劳模精神的经典表述，即“爱岗敬业、争创一流，艰苦奋斗、勇于创新，淡泊名利、甘于奉献”。准确理解这一表述，既要从六个语汇表达的不同维度去体味，又要从整体上去把握其科学内涵。爱岗敬业是操守，争创一流是追求，艰苦奋斗是作风，勇于创新是使命，淡泊名利是境界，甘于奉献是修为①。这

① 杨冬梅、赵健杰：《劳模学概论》，北京：人民出版社，2020 年，第 185 页。

一表述，完整展示了劳动模范“敬业—奋斗—奉献”的精神图谱，向世人立体地呈现了劳动模范的整体精神风貌。

劳模精神是我国工人阶级伟大品格的集中体现，它的内涵十分丰富，以至任何语言的概括都不及其一二。劳模已经成为一个身份标签，具有很高的社会识别度。劳模精神本身已成为一个固定语汇、专有名词，充分体现了劳模的人生价值追求和思想道德境界，它是劳模之所以成为劳模的衡量标尺，也为广大劳动者指明了奋斗的目标和方向。劳模精神生动诠释了社会主义核心价值观，丰富了民族精神和时代精神的内涵，是我们极为宝贵的精神财富，是激励全国各族人民团结奋斗、勇往直前的强大精神力量。

二、劳动精神的内涵

习近平对劳动精神的内涵是从四个维度进行概括的，视角十分独特。他认为，劳动精神即“崇尚劳动、热爱劳动、辛勤劳动、诚实劳动”。[①] 崇尚劳动、热爱劳动，强调的是对劳动的理念认知，目标对象既是指全社会，也是指每个劳动者自身，

① 习近平：《在全国劳动模范和先进工作者表彰大会上的讲话》，北京：人民出版社，2020 年，第 4 页。

只是崇尚劳动更侧重于对全社会的号召和动员，而热爱劳动更侧重于劳动者内心的认知。辛勤劳动、诚实劳动，强调的是对劳动的行为实践，仅仅崇尚和热爱劳动还远远不够，还需要把这种理念认识和社会共识付诸实践；特别是中国还是一个发展中的大国，人口多，经济不发达，发展的任务还很重，辛勤劳动、诚实劳动特别具有现实针对性。劳动精神是对劳动的理念认知和行为实践的集中体现，是我国社会主义核心价值观的应有之义，是对马克思主义劳动价值论的丰富和发展。

劳动精神是每一位劳动者为创造美好生活，而在劳动过程中秉持的劳动态度、劳动理念及其展现出来的劳动者的价值表达和精神风貌。劳动精神的理论基础在于前面所提到的——劳动是创造物质财富和精神财富的源泉，是社会发展的根本力量，它创造了我们生活的这个世界，包括我们人类自身。因此，我们把崇尚劳动、热爱劳动无论提得多高都不过分；倡导辛勤劳动、诚实劳动，无论怎么讲都不为过。

三、工匠精神的内涵

习近平对工匠精神的内涵概括得十分精准，主要是“执着专注、精益求精、一丝不苟、追求卓越”，充分反映了劳动者

“死磕细节”“努力做最好的自己”的职业素养和职业追求，不仅要求技能精到、技艺过硬，而且追求严谨认真、担当尽责，没有最好、只有更好，恪尽职业操守、崇尚精益求精的精神品格。工匠精神是当下我国社会十分稀缺的精神资源，唯其稀少，所以珍贵。

工匠精神是对我国传统工匠文化的历史传承，其基本内涵也打上了深深的时代烙印，为推动我国经济高质量发展和社会文明进步提供了澎湃动力。工匠精神是促进职工就业创业能力提升、实现自身全面发展的有效途径，推动中国制造和服务迈上中高端、实现从“向人口要红利”到“向人才要红利”转变的重要抓手，也是立足新发展阶段、贯彻新发展理念、构建新发展格局、促进经济高质量发展的必然要求。

四、“三大精神”的关系辨析

劳模精神、劳动精神、工匠精神的内容指向都是彰显劳动者的思想境界、职业素养、价值追求、责任担当，它们相互包容、相互补充、相互支撑，是一个有机的整体。“三大精神”的内核高度契合又各有侧重。首先，劳动精神处于基础地位，它继承了中华民族绵延几千年的劳动伦理，具有普遍性、一般性的特征，是劳模精神、工匠精神的根基。劳模精神、工匠精神是基于“劳动光荣、创造伟大”的理念而产生的，源于劳动精神又超出了劳动精神的精神境界和职业追求，是对劳动精神的精粹提升。其次，尽管三者都彰显了劳动者的社会价值和个人价值，但与劳模精神、劳动精神这种“精神外溢”相比，工匠精神更多的是体现劳动者个体的工作体验和价值追求，侧重“内在修为”。最后，三者都对社会起价值引领作用，但层次略有不同，是一种递进的关系。劳动精神强调普适性，劳动创造了人本身，劳动精神是人之为人的一种精神；工匠精神激励和激发劳动者不断挑战自我并超越自我的内在动力，侧重从内心深处唤醒劳动者，工匠精神是超越自己、成为更加优秀的人的精神；劳模精神影响和引领社会每一个劳动者从平凡走向不平凡，从外部引领和带动全社会学先进、赶先进、做先进，劳模精神是超越一般劳动者脱颖而出、成为影响别人的人的精神。

五、“三大精神”丰富了伟大的民族精神

劳模精神、劳动精神、工匠精神和伟大的民族精神一样，都植根于中华文化沃土，熔铸于我们党领导人民长期奋斗的伟大实践，彰显了社会主义核心价值观的深刻内涵，具有强大的

生命力、引领力、感召力。中国人民特质禀赋铸就中华文明。劳模精神、劳动精神、工匠精神的思想基因，同中华民族长期形成的特质禀赋和文化基因一脉相承，丰富了民族精神和时代精神的内涵，是中国精神的生动诠释，为中国发展和人类文明进步提供了强大精神动力。

劳模精神、劳动精神、工匠精神和伟大的民族精神一样，都是中国人民在长期奋斗和劳动实践中培育、继承、发展起来的，两者相互成就、互为因果。一个民族的强盛，总是以精神为支撑的；一个伟大的民族，总有一种昂扬奋发的精神。在我们千百年来胼手胝足的劳动中，以勤劳、智慧、创造和奋斗，收获了光辉灿烂的发展进步成果，创造了历久弥新的伟大民族精神，成为我们风雨无阻、砥砺奋进、高歌前行的支撑力量。

劳模精神、劳动精神、工匠精神和伟大民族精神的价值导向完全一致，都给人一种昂扬向上、奋发进取的精神洗礼和思想引领。2018 年 3 月 20 日，习近平在十三届全国人大一次会议闭幕会上这样阐述我们的伟大民族精神：中国人民是具有伟大创造精神的人民，中国人民是具有伟大奋斗精神的人民，中国人民是具有伟大团结精神的人民，中国人民是具有伟大梦想精神的人民。[①]“创造”“奋斗”与“劳动”基本上是同义语，善于“团结”、敢于“梦想”更是广大劳模和工匠人才甚至广大劳动群众最为显著的职业素养、精神境界和个人修为。习近平要求“广大劳动模范和先进人物要珍惜荣誉、再接再厉，爱岗敬业、无私奉献，做坚定理想信念的模范、勤奋劳动的模范、增进团结的模范”[②]。劳模精神、劳动精神、工匠精神和伟大的民族精神一道，为新时代中国人民树立了精神标杆。

第三节　发挥劳动的价值引领作用

劳模精神、劳动精神、工匠精神构成既有侧重又联系紧密、同宗同源的有机体，在实践中需要总体把握、一体弘扬、统筹推进。大力弘扬劳模精神、劳动精神、工匠精神，有利于在工人阶级和广大劳动群众中弘扬社会主义核心价值观，引导他们

① 习近平：《在第十三届全国人民代表大会第一次会议上的讲话》，北京：人民出版社，2018 年，第 3–5 页。

② 习近平：《在同全国劳动模范代表座谈时的讲话》，《人民日报》2013 年 4 月 29 日。

自觉把劳动创造、职业追求、价值表达融入国家富强、民族复兴的伟业之中，在全社会形成心往一处想、劲往一处使，万众一心、众志成城的磅礴力量。

一、新时代劳模精神的弘扬

劳动模范是民族的精英、人民的楷模、社会的中坚、共和国的功臣。劳模精神是我国优秀传统劳动文化的时代结晶。1941 年 3 月，陕甘宁边区总工会为了提高劳动生产效率，改进生产质量，激发劳动热情，颁发了《关于迎接“五一”生产大竞赛的各项办法》和《奖励模范劳动者办法》，这是我们党开展劳动模范评选表彰工作的重要起点。新中国成立以来，党和国家更是大力开展系列劳动竞赛、劳模表彰工作，涌现出一批全国著名劳动模范，热爱劳动、尊崇劳模在全社会蔚然成风。毛泽东指出，“典型本身就是一种政治力量”，他高度概括了劳模的三个重要作用，即带头作用、骨干作用和桥梁作用。邓小平、江泽民、胡锦涛等都强调劳模是我们学习的榜样和团结的核心，全国各族人民都要向劳模学习，以劳模为榜样。习近平强调，“在我们党团结带领人民进行革命、建设、改革各个历史时期，劳动模范始终是我国工人阶级中一个闪光的群体，享有崇高声誉，备受人民尊敬”①，“劳动模范和先进工作者是坚持中国道路、弘扬中国精神、凝聚中国力量的楷模，他们以高度的主人翁责任感、卓越的劳动创造、忘我的拼搏奉献，为全国各族人民树立了学习的榜样”②，“劳动模范是劳动群众的杰出代表，是最美的劳动者”③，“劳动模范是民族的精英、人民的楷模、共和国的功臣”④，等等。

榜样是旗帜，代表着方向；榜样是资源，凝聚着力量。榜样的力量是无穷的。一切美好梦想的实现，都需要强大的精神激励，都需要付出不懈的艰辛努力。在我国革命、建设、改革各个历史时期，一代又一代各条战线的劳动模范灿若星辰，他们在平凡的岗位上创造了不平凡的业绩，用劳动奏响着昂扬的时代主旋律，铸就了伟大的劳模精神。学习和弘扬榜样的高尚

① 习近平：《在同全国劳动模范代表座谈时的讲话》，《人民日报》2013年4月29日。

② 习近平：《在庆祝“五一”国际劳动节暨表彰全国劳动模范和先进工作者大会上的讲话》，北京：人民出版社，2015年，第4页。

③ 习近平：《在知识分子、劳动模范、青年代表座谈会上的讲话》，北京：人民出版社，2016年，第8页。

④ 习近平：《在全国劳动模范和先进工作者表彰大会上的讲话》，北京：人民出版社，2020年，第2页。

品格和先进事迹，以榜样为镜，指引我们在工作实践中明方向、知差距、净心灵、升境界。法国哲学家卢梭说过，榜样！榜样！没有榜样，你永远不能成功地教给别人以任何东西。命令只能指挥人，榜样却能感召人。要在全社会大力宣传劳动模范和其他典型的先进事迹，引导广大人民群众向劳模学习、以劳模为榜样，加大对劳模的关心关爱力度，支持劳模发挥骨干带头作用，示范带领广大劳动群众为实现中国梦奉献智慧和力量。持续加大宣传力度，人民日报、新华社、中央广播电视总台等中央各主流媒体，工人日报、中国工人出版社、中工网和各级工会报刊、网站、“两微一端”等媒体，可以通过开设专题专栏，举办“劳模大讲堂”活动，讲好劳模故事、讲好奋斗故事。每年“五一”前后，中央主流媒体开设“劳动者之歌”等专栏，刊发评论理论文章，对劳动模范进行集中宣传，开展“最美职工”发布活动，积极营造尊重劳模、崇尚劳模、学习劳模、争当劳模的浓厚氛围。

二、新时代劳动精神的弘扬

劳动作为大自然赐予人类的“生命活动”，是经济社会发展的主导因素，劳动者在生产力要素中发挥着主导作用。毛泽东指出："社会主义制度的建立给我们开辟了一条到达理想境界的道路，而理想境界的实现还要靠辛勤劳动。"[①]习近平强调，我们一定要在全社会大力弘扬劳动精神，"让劳动光荣、创造伟大成为铿锵的时代强音"[②]，"伟大出自平凡，英雄来自人民……希望广大劳动群众坚定信心、保持干劲，弘扬劳动精神，克服艰难险阻，在平凡岗位上续写不平凡的故事"。[③]

正是在长期坚持不懈的劳动实践中，我们先后实现了从一穷二白到建立起完整的全链条现代化工业体系，由经济崩溃的边缘到成为世界经济的重要引擎，从步履蹒跚走出国际金融危机到实现经济平稳较快发展，从全球新冠肺炎疫情重灾区到率先复工复产复商。进入新时代，在以习近平同志为核心的党中央坚强领导下，广大职工坚定不移贯彻新发展理念，踊跃投身大众创业、万众创新的时代洪流中，围绕"一带一路"建设、京津冀协同发展、雄安新区建设、长江经济带发展等国家战

---

① 王瑞生：《建设中国特色社会主义的伟大力量——礼赞劳模精神、劳动精神、工匠精神》，《工人日报》2018 年 4 月 24 日。

② 习近平：《在庆祝"五一"国际劳动节暨表彰全国劳动模范和先进工作者大会上的讲话》，北京：人民出版社，2015 年，第 4–5 页。

③ 习近平：《给郑州圆方集团全体职工的回信》，《人民日报》2020 年 5 月 1 日。

略，积极参加劳动和技能竞赛、技术革新、技术协作、发明创造、合理化建议等活动，为推动经济保持中高速增长、产业迈向中高端水平建功立业，在伟大历史进程中镌刻工人阶级的无上荣光。

人间万事出艰辛，一勤天下无难事。要在全社会大力弘扬劳动光荣、知识崇高、人才宝贵、创造伟大的时代新风，促使全体社会成员弘扬劳动精神。劳动模范和先进工作者、先进人物要身体力行向全社会传播劳动精神和劳动观念。广大党员、干部要带头弘扬劳动精神，增强同劳动人民的感情，带头在各自岗位上勤奋工作、踏实劳动。牢固树立依靠劳动推动发展的理念，高度重视劳动、切实尊重劳动、鼓励创新创造，让劳动最光荣、劳动最崇高、劳动最伟大、劳动最美丽蔚然成风。

尊重劳动、崇尚劳动、热爱劳动，是社会主义社会先进性的显著标志；辛勤劳动、诚实劳动、创造性劳动，是社会主义国家劳动者的鲜明特征。我国人口多、底子薄、人均占有资源匮乏是基本国情，扩大就业、增加收入、发展福利、提高人民群众生活质量和水平，仍然是当前和今后一个时期的重要任务，发展实体经济、鼓励劳动致富仍然是未来的一个重要方向。在新的历史起点上继续推动我国的改革发展进程，必须牢固树立依靠劳动推动发展的理念，牢牢把握发展实体经济这一坚实基础，高度重视劳动，切实尊重劳动。贯彻尊重劳动、尊重知识、尊重人才、尊重创造的方针，营造鼓励脚踏实地、勤劳创业、实业致富的社会氛围，使通过劳动来推动经济社会发展、创造美好幸福生活，真正成为广大职工的共同心声和普遍追求。

三、新时代工匠精神的弘扬

大国工匠是我国广大一线技术工人的杰出代表。习近平指出，大国工匠是职工队伍中的高技能人才[①]。在中华民族数千年的历史长河中，工匠精神源远流长。“巧夺天工”“独具匠心”“技进乎道”等成语典故，体现的正是匠人们卓绝的技艺和精益求精的价值追求。我国自古就有尊崇和弘扬工匠精神的优良传统，一些工艺水平在世界上长期处于领先地位，瓷器、丝绸、家具等精美制品和许多庞大壮观的工程建造，都离不开劳动者的工匠精神。从古代的鲁班雕木成凰、庖丁解牛，到新中国成立后的大庆精神、“两弹一星”精神、载人航天精神等，都是工匠精神在不同历史时期的生动呈现，展现出我们对工匠精

① 《习近平同中华全国总工会新一届领导班子成员集体谈话并发表重要讲话》，新华社，2018 年 10 月 29 日。

神的继承与发扬。[1]如果说劳动精神是劳动者用辛劳、汗水和智慧播种希望，劳模精神是劳模用拼搏、奋斗和奉献树立时代标杆，那么工匠精神就是工匠用才情、心血和执着赋予物品以鲜活生命力。

工匠精神表现为精于工、匠于心、品于行。工匠精神不仅指具有高超的技艺和精湛的技能，还要有严谨、细致、专注、负责的工作态度，以及对职业的认同感、责任感、荣誉感和使命感。质量之魂，存于匠心，工匠精神也是用超量服务来提高产品档次、提升产品价格的重要手段。要大力弘扬工匠精神，厚植工匠文化，恪尽职业操守，崇尚精益求精，完善激励机制，培育众多“中国工匠”，打造更多享誉世界的“中国品牌”。

三百六十行，行行出状元。任何一名劳动者，无论从事的劳动技术含量如何，只要勤于学习、善于实践，在工作上兢兢业业、精益求精，就一定能够造就闪光的人生。要以昂扬奋斗的实干、精益求精的匠心、执着专注的坚守、持之以恒的传承，在平凡的岗位上收获幸福和快乐，为奋进的新时代涂上最美的底色。要推动劳动精神、劳模精神、工匠精神宣传进入黄

---

① 苗圩：《弘扬工匠精神打造中国制造新名片》，《求是》2016 年第 17 期。

金时段、重要版面，全国总工会要聚焦行业顶级技工的典型故事，会同中央广播电视总台等部门，推出一系列大国工匠选树宣传活动，联合开展“大国工匠年度人物”发布活动、制作播出《大国工匠》新闻专题片，在全国范围内开展“身边的大国工匠”推荐学习活动，与中央网信办联合开展“中国梦·大国工匠篇”大型主题宣传活动，与教育部联合组织开展“工匠进校园”活动，每年安排新闻发布会宣传大国工匠、“最美职工”等各类劳模典型，广泛开展演讲比赛、职工大讲堂、主题征文、经典诵读、主题阅读、知识竞赛等，营造劳动光荣的社会风尚和精益求精的敬业风气，用工匠人物的干劲、闯劲、钻劲鼓舞更多的人，激励广大劳动群众争做新时代的奋斗者，叫响做实大国工匠品牌。社会各方要为劳动模范、大国工匠发挥作用搭建平台、提供舞台，为工匠传承技能、传承精神创造条件，培养造就更多的大国工匠。

四、把“三大精神”的弘扬纳入规范化的制度安排

弘扬劳模精神、劳动精神、工匠精神，除了加大宣传力度外，还应配套一些政策举措，突出保障劳动者中的劳模和工匠人才等的政治待遇、经济待遇、社会待遇，形成规范化的制

度安排。

其一，强化劳模荣誉表彰。隆重开展荣誉表彰，让劳动模范共享共和国荣光。党中央、国务院每 5 年举行一次全国劳动模范和先进工作者表彰大会，表彰各行各业作出突出业绩的劳动者，已经形成了制度，下一步还需在扩大表彰范围、加大表彰奖励力度上深化完善。在“共和国勋章”“人民楷模”“改革先锋”等荣誉表彰方面，要拿出一定比例或数量给一线劳动者。同时，坚持面向基层、面向一线、面向普通劳动者，每年召开庆祝“五一”国际劳动节暨全国五一劳动奖和全国工人先锋号表彰大会，表彰在各行各业涌现出的劳模和先进集体。

其二，提高劳模和工匠人才的政治地位。加大在职工队伍中发展党员力度，把技术能手、青年专家、优秀工人吸收到党组织中来。健全保证工人阶级主人翁地位的制度安排，适当增加一线工人特别是劳模和工匠人才在党的代表大会代表和委员会委员、人民代表大会代表、政协委员、群团组织代表大会代表和委员会委员中的比例，探索实行劳模和工匠人才在工、青、妇等群团组织挂职和兼职等。组织劳模和工匠人才代表参加国庆文艺晚会、国庆招待会、国庆观礼及联欢等国家有关庆祝庆典活动，增强他们的政治荣誉感。

其三，提升劳动者的综合素质。习近平强调，“要为劳动模范更好施展才华、展现精神品格提供全方位支持，使他们的劳动技能、创新方法、管理经验能广泛传播，充分发挥示范带动作用”。[①] 加强劳模线上线下的学习培训，深化群众性技术创新活动，开展劳模和工匠人才先进操作法总结、命名和推广。以中国劳动关系学院劳模本科班和其他工会院校为主要基地，加大劳模学历教育力度，鼓励社会高等院校开展此类教育，联合全国知名高校为劳模和工匠人才创新工作室领衔人、青年技工劳模进行短期培训，为他们搭建提升素质、学习交流的平台。推动具备条件的行业企业建立职工创新工作室、劳模创新工作室、工匠人才（技能大师）创新工作室，培养一大批职工创新能手和高技能人才。积极推荐职工技术创新成果参评国家科技进步奖、中华技能大奖、全国技术能手、全国创新争先奖等的评选，帮助职工申请国家专利、发明专利，组织职工参加世界技能大赛，为劳动模范、大国工匠发挥作用搭建平台、提供舞台，为劳模和工匠人才传承技能、传承精神创造条件，培养造就更多劳动模范、大国工匠。

---

① 习近平：《在知识分子、劳动模范、青年代表座谈会上的讲话》，北京：人民出版社，2016年，第8–9页。

其四，加大对劳模和工匠人才的关心关爱。坚持多劳者多得、技高者多得，创新技能导向的激励机制，建立健全培养、考核、使用、待遇相统一的激励机制，引导企业在关键岗位、关键工序培养使用高技能人才，提高相应待遇。建立技术工人创新成果按要素参与分配制度，研究创新激励方式。做好劳模困难帮扶，用好全国劳模专项补助资金，定期组织开展劳模走访慰问工作，安排劳模体检，组织劳模到全国疗休养基地进行疗休养，加强劳模动态管理和精细化服务，提高劳模和工匠人才的获得感、幸福感、安全感。

总之，劳动的价值引领作用与劳动的价值创造作用相互促进。正因为劳动是价值的源泉，所以我们要高扬“三大精神”之旗，弘扬“三大精神”，让全社会更好地增加对劳动价值的认知。当然，对劳动价值的尊重也好，对“三大精神”的弘扬也好，还有一个十分重要的工作要做，就是要坚持劳动正义，这是人类走向正义之路的不二选择。

第四章

新时代劳动观的正义维度：劳动世界的公平法则

劳动正义客观上要求尊重一切劳动、尊重在一切劳动形式下从事劳动的主体——劳动者，充分保障劳动者的就业权、社会保障权，构建和谐劳动关系。尤为重要的是，坚持分配正义这一最朴素的社会法则，共建共享劳动成果。没有分配正义，就没有劳动正义；没有劳动正义，就没有社会正义。

劳动正义之维是从客观、道义的角度阐释劳动的思想内涵。劳动正义客观上要求尊重一切劳动、尊重在一切劳动形式下从事劳动的主体——劳动者；充分保障劳动者的就业权，消除一切不合理、不平等的就业歧视，实现各类劳动者公平就业。尤为重要的是，坚持分配正义这一最朴素的社会法则，劳动者需要共建共享劳动成果；没有分配正义，就没有劳动正义，换言之，分配正义是劳动正义的显著标识。劳动正义客观上要求为全体劳动者提供必要的社会保障，帮助劳动者抵御社会风险，并随着经济的发展，相应提高劳动者的社会保障待遇水平。劳动关系作为最基本、最重要的社会关系之一，其协调稳定程度影响并决定着一个社会和谐的程度；建立规范有序、公正合理、互利共赢、和谐稳定的劳动关系，成为新时代实现劳动正义的题中应有之义。

第一节　尊重劳动和劳动者

作为经济社会发展的主导因素，劳动者在我国生产力要素中的地位和作用突出。习近平高度重视“劳动”，十分看重“劳动者”。2015 年 4 月 28 日，党中央、国务院举办了庆祝“五一”国际劳动节暨表彰全国劳动模范和先进工作者大会，习近平在会上强调指出，“无论时代条件如何变化，我们始终都要崇尚劳动、尊重劳动者，始终重视发挥工人阶级和广大劳动群众的主力军作用”。他说，“这就是我们今天纪念‘五一’国际劳动节的重大意义”。[①]

尊重劳动首先要尊重在一切劳动形式下从事劳动的主体——劳动者。毛泽东提出体力劳动与脑力劳动相结合的思想，推广“两参一改三结合”的“鞍钢宪法”，即实行干部参加劳动、工人参加管理、改革不合理的规章制度，工人群众、领导干部和技术员三结合，要求各级干部都要以普通劳动者的身份

① 习近平：《在庆祝“五一”国际劳动节暨表彰全国劳动模范和先进工作者大会上的讲话》，北京：人民出版社，2015 年，第 1–2 页。

积极参加集体生产劳动，积极深入到工人农民群众中，向人民群众学习。[①] 习近平沿袭了这一做法，2019 年 2 月 1 日，在看望北京市前门石头胡同服务点的“快递小哥”时说，“快递小哥”工作很辛苦，起早贪黑、风雨无阻，越是节假日越忙碌，像勤劳的小蜜蜂，是最辛勤的劳动者。[②]

在法律的天平上，劳动者的身份是平等的，不存在身份上的差别。按照马克思的观点，人本身即是目的，其生命权、人身安全权、人身自由和人格自由等权利应得到平等的尊重，人人都应有平等的政治地位和社会地位。因此在劳动中不允许存在对劳动者的任何侵犯、侮辱与蔑视，而应充分尊重劳动者人格的独立性。习近平多次强调，在我们社会主义国家，一切劳动，无论是体力劳动还是脑力劳动，都值得尊重和鼓励；一切创造，无论是个人创造还是集体创造，也都值得尊重和鼓励。“全社会都要贯彻尊重劳动、尊重知识、尊重人才、尊重创造的重大方针，全社会都要以辛勤劳动为荣、以好逸恶劳为耻，任何时候任何人都不能看不起普通劳动者，都不能贪图不劳

① 《中华人民共和国大事记（1949 年 10 月—2019 年 9 月）》，《人民日报》2019 年 9 月 28 日。

② 《快递小哥：用快递传递幸福》，央视新闻客户端，2019 年 12 月 31 日。

而获的生活”[①]“劳动没有高低贵贱之分，任何一份职业都很光荣。”[②]只有确立这样的劳动判断标准，才能实现公平对待不同形式的劳动，才能实现对待包括农民工在内的普通劳动者和从事复杂劳动的劳动者的一视同仁。

一段时间以来，一些地方唯 GDP 论业绩，过分强调经济增长和财富积累；一些企业强制要求员工加班，超负荷工作是职场常态。社会财富的积累本应该服务于人的发展，而现在人本身却变成了经济发展的工具甚至牺牲品，这势必会带来越来越多的矛盾和问题，不利于社会的和谐稳定。一个社会要实现永续发展，必须要以劳动者主体地位的确立为前提。曾几何时，社会上出现了不重视劳动、不尊重劳动者的现象，功利心态和投机倾向有所抬头，不少人不愿意从事具体劳动，期望不通过踏实劳动而一夜暴富，这不利于重视劳动、尊重劳动者、鼓励劳动创造风气的保持，不利于劳动者正确思想道德观念的树立，甚至给社会和谐稳定埋下隐患。对此，我们要保持足够的警惕

① 习近平：《在庆祝“五一”国际劳动节暨表彰全国劳动模范和先进工作者大会上的讲话》，北京：人民出版社，2015 年，第 5 页。

② 习近平：《在知识分子、劳动模范、青年代表座谈会上的讲话》，北京：人民出版社，2016 年，第 9 页。

和清醒。虽然现在的社会矛盾发生变化，但尊重劳动者的观点依然没有变化。我们需要“独具匠心”，而不是“马上发财”。习近平强调，“全社会都要贯彻尊重劳动、尊重知识、尊重人才、尊重创造的重大方针”。[①]2018 年 4 月 30 日，他回信勉励中国劳动关系学院劳模本科班学员，“我一直强调，劳动最光荣、劳动最崇高、劳动最伟大、劳动最美丽。全社会都应该尊敬劳动模范”。[②]

当下，我们要营造“尊重劳动，尊重知识，尊重人才，尊重创造”的社会氛围，让辛勤奋斗的人得到应有的尊重与肯定，让积极投身劳动成为新时代最鲜明的价值导向。同时，要创造良好的就业机会，让劳动者在劳动时有合法的保护，在劳动后有合理的劳动报酬，在精神方面有应有的尊严，让劳动者的智慧竞相迸发、力量充分涌流，让尊重劳动、尊重劳动者成为人们自觉的精神追求。

---

① 习近平：《在同全国劳动模范代表座谈时的讲话》，《人民日报》2013 年 4 月 29 日。

② 习近平：《给中国劳动关系学院劳模本科班学员的回信》（2018 年 4 月 30 日），《人民日报》2018 年 5 月 1 日。

第二节　追求公平就业

劳动正义的首要内容就是保障和实现人们的就业权。因为“劳动作为使用价值的创造者，作为有用劳动，是不以一切社会形式为转移的人类生存条件，是人和自然之间的物质变换即人类生活得以实现的永恒的自然必然性”[①]。就业权的拥有，为人类生存与发展提供了物质基础和经济条件。

一、坚持就业优先

就业是最大的民生，关系亿万人民切身利益，关乎社会和谐稳定。2017 年 10 月 18 日，习近平在党的十九大报告中对此做了深入的阐述，“要坚持就业优先战略和积极就业政策，实现更高质量和更充分就业”[②]，首次提出并着重强调了两个十分重

① 《马克思恩格斯全集》(第 3 卷)，北京：人民出版社，1960 年，第 286 页。

② 《中国共产党第十九次全国代表大会文件汇编》，北京：人民出版社，2017 年，第 46 页。

要的概念：一个是“就业优先”，在以前提出的“积极就业”的基础上又进了一步；另一个是“更高质量就业”，在以前提出的“充分就业”强调数量的同时，又从提高质量的角度对就业提出了新的要求，应该说是一个重大的理论创新。2020 年 10 月 29 日，党的十九届五中全会再次强调，要强化就业优先政策，千方百计稳定和扩大就业，坚持经济发展就业导向，扩大就业容量，提升就业质量，促进充分就业，保障劳动者待遇和权益。

作为民生之本、安国之策，就业问题被习近平在多种场合反复提及。他指出，党和国家要实施积极的就业政策，创造更多就业岗位，改善就业环境，提高就业质量。并要求各级党委和政府要关心和爱护广大劳动群众，切实把党和国家相关政策措施落实到位，不断推进相关领域改革创新，坚决扫除制约广大劳动群众就业创业的体制机制和政策障碍，不断完善就业创业扶持政策、降低就业创业成本，支持广大劳动群众积极就业、大胆创业。

近年来，随着我国经济发展进入新常态，经济发展方式深刻转变，经济结构深刻调整，给部分劳动群众就业带来了暂时的影响。习近平强调，大规模开展职业技能培训，注重解决结构性就业矛盾，鼓励创业带动就业。提供全方位公共就业服务，促进高校毕业生等青年群体、农民工多渠道就业创业。破除妨碍劳动力、人才社会性流动的体制机制弊端，使人人都有通过辛勤劳动实现自身发展的机会。

稳就业是近年来一个十分重要的政策举措。2018 年 7 月，面对复杂的内外部经济环境，中央提出“六稳”方针。2020 年 4 月，在突如其来的疫情冲击、外部不确定性持续上升的情况下，中央又提出“六保”新任务。稳就业是“六稳”之首，保居民就业也是“六保”之首。“把稳就业工作摆在更加突出的位置，努力创造更多就业岗位”，随着我国进入新发展阶段，“十四五”期间，要进一步强化就业优先政策，千方百计稳定和扩大就业，坚持经济发展就业导向，努力创造更多就业机会，促进和规范就业新模式、新业态的发展，支持吸纳就业较多的中小微企业的发展。

二、关注特殊重点群体就业

习近平高度重视下岗失业人员、高校毕业生、农民工、退役军人、零就业家庭等特殊重点人群的就业问题，要求各级党委和政府要落实好失业人员再就业和生活保障、财政专项奖补等支持政策，落实和完善援助措施，创造更多就业岗位，通过鼓励企业吸纳、公益性岗位安置、社会政策托底等多种渠道帮助就业困难人员，实现零就业家庭动态“清零”。[1]2013年8月28日至31日，他在辽宁考察时指出，让老百姓过上好日子是我们一切工作的出发点和落脚点。老工业基地前些年下岗人员相对集中，党和政府要切实关心他们及其家庭的工作和生活，加强社区服务特别是针对老年人的服务，做好就业再就业工作，让在就业创业上需要帮助的群众都得到帮助、在生活上需要保障的群众都得到保障。[2]

2020年，面对突如其来的新冠肺炎疫情，习近平强调，越是发生疫情，越要注意做好保障和改善民生工作，特别是要高度关注就业问题，防止出现大规模裁员。[3]按照以习近平同志为核心的党中央决策部署，要针对重点群体就业难等突出矛盾，因地因企因人分类帮扶，提高政策精准性。鼓励低风险地区的农民工尽快返岗复工，采取“点对点、一站式”直达运输服务。加快推动线上登记失业和申领失业保险金，确保失业人员应发

---

① 习近平：《在知识分子、劳动模范、青年代表座谈会上的讲话》，北京：人民出版社，2016年，第10页。

② 《习近平在辽宁考察时强调　深入实施创新驱动发展战略　为振兴老工业基地增添原动力》，新华社，2013年9月1日。

③ 《习近平在北京市调研指导新型冠状病毒肺炎疫情防控工作》，新华社，2020年2月10日。

尽发、应保尽保。注重高校毕业生就业工作，统筹做好毕业、招聘、考录等相关工作，让他们顺利毕业、尽早就业。高度重视对农民工、职业农民、退役军人等的培训，及时对下岗失业人员进行技能再培训，使劳动者更好适应变化了的市场环境。

2020 年 10 月 29 日，党的十九届五中全会首次提出了要“完善重点群体就业支持体系”，统筹做好农民工转移就业、高校毕业生就业、新增劳动力就业、去产能企业职工再就业等工作；扩大公益性岗位安置，帮扶残疾人、零就业家庭成员就业；完善促进创业带动就业、多渠道灵活就业的保障制度，鼓励个体经营，增加非全日制就业机会，支持和规范发展新就业形态，强化对灵活就业人员就业服务、劳动权益和基本生活保障。这些充分彰显了劳动正义的思想。

对于零就业家庭、贫困家庭，习近平还积极鼓励通过就业实现脱贫。2016 年 7 月 20 日，他在东西部扶贫协作座谈会上强调，一人就业，全家脱贫，增加就业是最有效、最直接的脱贫方式，长期坚持还可以有效解决贫困代际传递问题。[①]2017 年

① 《习近平在东西部扶贫协作座谈会上强调　认清形势聚焦精准深化帮扶确保实效　切实做好新形势下东西部扶贫协作工作》，新华社，2016 年 7 月 21 日。

6 月 23 日，习近平在深度贫困地区脱贫攻坚座谈会上指出，一个健康向上的民族，就应该鼓励劳动、鼓励就业、鼓励靠自己的努力养活家庭，服务社会，贡献国家。要改进工作方式方法，改变简单给钱、给物、给牛羊的做法，多采用生产奖补、劳务补助、以工代赈等机制，不大包大揽，不包办代替，教育和引导广大群众用自己的辛勤劳动实现脱贫致富。[①]

三、主张平等就业

消除就业歧视，实现平等就业权是劳动权和平等权共同派生的一个权利，综合了生存权和发展权的基本人权特征，是一项具有社会性的重要权利，是坚持劳动正义的题中应有之义。习近平 2016 年 7 月 1 日在庆祝中国共产党成立九十五周年大会上强调，我们要顺应人民群众对美好生活的向往，坚持以人民为中心的发展思想，以保障和改善民生为重点，发展各项社会事业，加大收入分配调节力度，打赢脱贫攻坚战，保证人民平等参与、平等发展权利，使改革发展成果更多更公平惠及全体

① 《习近平在深度贫困地区脱贫攻坚座谈会上的讲话》，新华社，2017 年 8 月 31 日。

人民，朝着实现全体人民共同富裕的目标稳步迈进。[①] 他一贯高度重视妇女和残疾人平等就业权问题，2020 年全国女性就业人员占全社会就业人员的比重为 43%。习近平提出“残疾人是一个特殊困难的群体，需要格外关心、格外关注”[②]“全面建成小康社会，残疾人一个也不能少”[③]。目前我国以残疾人康复、就业等为重点，形成了中国特色的残疾人事业框架体系。

习近平强调，“要加快推进户籍制度改革，完善城乡劳动者平等就业制度，逐步让农业转移人口在城镇进得来、住得下、融得进、能就业、可创业，维护好农民工合法权益，保障城乡劳动者平等就业权利”。[④] 我国的《劳动法》《就业促进法》等相关法律制度对实现平等就业做了详细的规定。劳动者享有平等就业和选择职业的权利、接受职业技能培训的权利。用人单位

---

① 习近平：《在庆祝中国共产党成立九十五周年大会上的讲话》，北京：人民出版社，2016 年，第 18–19 页。

② 《习近平致中国残疾人福利基金会的贺信》，新华社，2014 年 3 月 21 日。

③ 《习近平：全面建成小康社会，残疾人一个也不能少》，人民网，2016 年 7 月 29 日。

④ 习近平：《健全城乡发展一体化体制机制　让广大农民共享改革发展成果》，新华社，2015 年 5 月 1 日。

招用人员、职业中介机构从事职业中介活动，应当向劳动者提供平等的就业机会和公平的就业条件，不得实施就业歧视。国家保障妇女享有与男子平等的劳动权利。用人单位招用人员，除国家规定的不适合妇女的工种或者岗位外，不得以性别为由拒绝录用妇女或者提高对妇女的录用标准。各民族劳动者享有平等的劳动权利。用人单位在招用职工时，除国家规定不适合从事的工种或者岗位外，不得以性别、民族、种族、宗教信仰为由拒绝录用或者提高录用标准。用人单位招用人员，应当依法对少数民族劳动者给予适当照顾。国家保障残疾人的劳动权利。用人单位招用人员，不得歧视残疾人。农村劳动者进城就业享有与城镇劳动者平等的劳动权利。

四、实现更高质量就业

有工作并不代表有较强获得感，“在职贫困”“工作穷人”等“价值消减”陷阱制约着就业质量的提升。因此，充分就业还在于实现“高质量的就业”，这也是体面劳动、幸福劳动在就业条件层面致力实现的价值目标。而“高质量的就业”作为一个目标系统构成，是包括就业环境、劳动收入、职业发展前景、劳动安全等在内的多维指标体系。

更高质量就业主要体现在就业的获得感、安全感、公平感和幸福感明显提高。就业的获得感意味着劳动者有充足的就业机会，能够获得一份维持“体面生活”的工资收入，而且工资收入增长和经济增长基本同步，工作中有满满的成就感；就业的安全感指劳动者有稳定的工作岗位，其工作与家庭可以较好地平衡，工作带来的生理负荷与心理压力在可以接受的范围之内，而且有较完备的社会保障，免除其生计方面的后顾之忧；就业的公平感指劳动者在择业上能获得公平机会，职场上能够公平竞争，能够感受到公平合理的工资差距，并且有在职培训与技能提升机会，有相对明确的职业生涯规划与职业发展预期，从而使劳动者能够实现自身的成长与价值；就业的幸福感意味着劳动者有相对安全、舒适的工作环境，以及体现尊重、信任与相互支持的同事关系，有机会参与企业的生产经营管理，可以体面和有尊严地工作，其贡献、价值、意义获得用人单位和社会的认可，从而给劳动者带来自豪感和荣誉感。这一指标体系，契合了新时代劳动者就业观的转变。

习近平强调，要坚持就业优先战略和积极就业政策，实现更高质量和更充分就业。大规模开展职业技能培训，注重解决结构性就业矛盾，鼓励创业带动就业。他始终高度重视提高劳动者素质，认为劳动者素质对一个国家、一个民族发展至关重要。劳动者的知识和才能积累越多，创造能力就越大。面对日趋激烈的国际竞争，一个国家发展能否抢占先机、赢得主动，越来越取决于国民素质特别是广大劳动者素质。[①]因此，我们要深入实施科教兴国战略、人才强国战略、创新驱动发展战略，把提高职工队伍整体素质作为一项战略任务抓紧抓好，帮助职工学习新知识、掌握新技能、增长新本领，拓展广大职工和劳动者成长成才空间，引导广大职工和劳动者树立终身学习理念，不断提高思想道德素质和科学文化素质，推动建设宏大的知识型、技术型、创新型劳动者大军。习近平外出考察，每到一地，都强调要对就业困难人员及时提供就业指导和技能培训，确保他们就业有门路，生活有保障。[②]因此，我们必须更加重视教育和职业培训，加大人力资本投资，推动中小企业发展，帮助广大劳动者更好适应创新带来的市场变化和创业就业条件变化。加大投资于人的力度，高度重视对农民工、退役军人等的培训，

① 习近平：《在庆祝‘五一”国际劳动节暨表彰全国劳动模范和先进工作者大会上的讲话》，北京：人民出版社，2015年，第4页。

② 习近平：《贯彻新发展理念推动高质量发展　奋力开创中部地区崛起新局面》，《人民日报》2019年5月23日。

及时对下岗失业人员进行技能再培训，使劳动者更好地适应变化了的市场环境。积极应对我国劳动年龄人口减少的新趋势，健全终身职业技能培训制度，大规模提高劳动力素质，创造新的人口红利，缓解结构性就业矛盾，努力实现更加充分更高质量就业。

第三节　共享劳动成果

共建共享发展成果，实现分配正义，这是劳动正义的核心思想。公平正义不仅是一种价值观念和伦理要求，也是一种现实的需要。多劳者多得，技高者多得，这是最基本、最朴素的辩证法，是必须遵循的最现实、最合理的社会法则。经济与社会的发展既要依靠人民群众，也是为了人民群众，这是中国特色社会主义的一条铁的法则。

一、排除分享障碍

劳动财富是人类生存与发展的重要物质基础，如何进行财富分配，关系到劳动者的生活与发展状况。我国目前国内产出在国家、企业和个人之间分配不尽合理。2019 年中国人均可支配收入只有 3 万元，只占到人均 GDP 的 43%，低于市场经济发达国家平均 55% 左右的比重。收入在国家、企业、个人之间的这种分配结构，既损害了劳动者利益，也造成了内需不足，不利于消费的长期增长。我国收入分配中居于后 50% 的人口的收入只占总收入的 15%，前 10% 收入群体的人均实际收入是后 50% 群体的 14 倍，这一比例远高于法国的 7 倍，只略低于美国的 18 倍。[①] 劳动者工作强度高与工资收入低的矛盾，与理想的体面生活差距较大，更有甚者，劳动付出程度低但收入偏高的一部分劳动者，以及一些不劳而获的人，认为劳动者不体面，形成了一种极不正常的价值导向。这一现象，马克思 100 多年前就进行了深刻的分析和提示。他认为，在资本主义生产过程中，劳动产品与劳动活动不属于生产者，而属于一种异己的力量（即资本家）。异化劳动创造了“劳动—资本”这一对立关系的同时，也带来了不公平的劳动分配关系，导致了财富分配结果的非正义。“以致工人生产的对象越多，他能够占有的对象

---

① 北京大学光华管理学院“光华思想力”宏观经济预测课题组 2021 年发布的关于中国经济形势分析的第一篇报告《经济稳步复苏，改革蓄势而发》。

就越少，而且越受他的产品即资本的统治。”[①] 在这样的生产场景中，劳动者越是依靠劳动去加工和占有自然界，他就越是远离自己所应占有的生活与生产资料而呈现出彼此对立的状态。

习近平强调，必须坚持发展为了人民、发展依靠人民、发展成果由人民共享，作出更有效的制度安排，使全体人民朝着共同富裕方向稳步前进，绝不能出现“富者累巨万，而贫者食糟糠”的现象[②]。任何与社会发展方向背道而驰的异化现象都要坚决予以去除。我国是社会主义国家，劳动者理当享有由他们亲手创造的一切改革发展成果，实现在共建中共享，这是社会主义生产的内在要求。除了收入分配不尽合理外，收入分配方面的非正义现象还表现在欠薪问题上。一段时间以来，各地欠薪案件多发、向多领域蔓延的态势，应引起各地各有关部门的高度重视。要扎实开展清理欠薪专项检查，严肃查处恶意欠薪案件，有效预防欠薪引发群体性事件。完善相关法规制度，强化日常监察执法，把功夫下在平时，避免年关“讨薪难”年年

① 马克思：《1844 年经济学哲学手稿》，北京：人民出版社，1985 年，第 48 页。

② 习近平：《在党的十八届五中全会第二次全体会议上的讲话（节选）》，《求是》2016 年第 1 期。

整治、年年重演，从根本上保障务工人员合法权益。

2013 年 4 月 28 日，习近平在同全国劳动模范代表座谈时强调，要维护和发展劳动者的利益，保障劳动者的权利。要坚持社会公平正义，排除阻碍劳动者参与发展、分享发展成果的障碍，努力让劳动者实现体面劳动、全面发展。[①]2015 年 4 月 28 日，在庆祝“五一”国际劳动节暨表彰全国劳动模范和先进工作者大会上，他对这一观点再次进行了重申，明确强调要建立健全党和政府主导的维护群众权益机制，抓住劳动就业、技能培训、收入分配、社会保障、安全卫生等问题，关注一线职工、农民工、困难职工等群体，完善制度，排除阻碍劳动者参与发展、分享发展成果的障碍，努力让劳动者实现体面劳动、全面发展。[②]2020 年 5 月 11 日，习近平主持制定了《中共中央　国务院关于新时代加快完善社会主义市场经济体制的意见》，明确提出要坚持多劳多得，着重保护劳动所得，增加劳动者特别是一线劳动者劳动报酬，提高劳动报酬在初次分配中的比重，在经济增

① 习近平：《在同全国劳动模范代表座谈时的讲话》，《人民日报》2013 年 4 月 29 日。

② 习近平：《在庆祝“五一”国际劳动节暨表彰全国劳动模范和先进工作者大会上的讲话》，北京：人民出版社，2015 年，第 8 页。

长的同时实现居民收入同步增长，在劳动生产率提高的同时实现劳动报酬同步提高。健全劳动、资本、土地、知识、技术、管理、数据等生产要素由市场评价贡献、按贡献决定报酬的机制。[①]

二、坚持共建共享

劳动者既是社会财富的创造者，又是社会财富的受益者，蛋糕既要努力做大，也要公平分配，这是一个重大的理论和实践问题。习近平强调指出，“国家建设是全体人民共同的事业，国家发展过程也是全体人民共享成果的过程”[②]。实现在共建中共享，是为了在发展生产力的同时，保护生产力；促进在共享中共建，是为了通过保护生产力更好地发展生产力。共享强调劳动分配层面的正义性，以保障全体社会成员共享社会发展成果，这也蕴含着社会主义的平等、公平、共享、正义等基本价值，即所有劳动者都能平等公正地享有人本身的丰富性与外在条件的富足性。

---

① 《中共中央　国务院关于新时代加快完善社会主义市场经济体制的意见》（2020 年 5 月 11 日），《人民日报》2020 年 5 月 19 日。

② 习近平：《在庆祝“五一”国际劳动节暨表彰全国劳动模范和先进工作者大会上的讲话》，北京：人民出版社，2015 年，第 7 页。

习近平指出，落实共享发展理念，“十三五”时期的任务和措施有很多，归结起来就是两个层面的事。一是充分调动人民群众的积极性、主动性、创造性，举全民之力推进中国特色社会主义事业，不断把“蛋糕”做大。二是把不断做大的“蛋糕”分好，让社会主义制度的优越性得到更充分体现，让人民群众有更多获得感。[①]要扩大中等收入阶层，逐步形成橄榄型分配格局。经济不是为了发展而发展，其根本目的在于改善民生，让劳动者共享改革发展成果，促进社会公平正义。

在具体实现路径上，党的十九届四中全会《中共中央关于坚持和完善中国特色社会主义制度、推进国家治理体系和治理能力现代化若干重大问题的决定》强调，坚持按劳分配为主体、多种分配方式并存。坚持多劳多得，着重保护劳动所得，增加劳动者特别是一线劳动者劳动报酬，提高劳动报酬在初次分配中的比重。[②]因此，要完善政府、工会、企业共同参与的协商协调机制，完善工资制度，健全工资合理增长机制，在经济增长

---

① 习近平：《深入理解新发展理念》，《求是》2019年第10期。

② 《〈中共中央关于坚持和完善中国特色社会主义制度、推进国家治理体系和治理能力现代化若干重大问题的决定〉辅导读本》，北京：人民出版社，2019年，第21页。

的同时实现居民收入同步增长，在劳动生产率提高的同时实现劳动报酬同步提高，着力提高低收入群体收入，扩大中等收入群体。完善按要素分配政策制度，健全劳动、资本、土地、知识、技术、管理、数据等生产要素由市场评价贡献、按贡献决定报酬的机制，探索通过土地、资本等要素使用权、收益权增加中低收入群体要素收入。多渠道增加城乡居民财产性收入。完善再分配机制，加大税收、社保、转移支付等调节力度和精准性，合理调节过高收入，取缔非法收入。发挥第三次分配作用，发展慈善事业，改善收入和财富分配格局。在分配中凸显劳动的主体地位，在共享中彰显劳动的社会价值，确保劳动者真正享有劳动成果，使其在物质生活的不断满足中实现自身的发展。

三、推动共同富裕

习近平在党的十八大上强调指出，“我们的责任，就是要团结带领全党全国各族人民，继续解放思想，坚持改革开放，不断解放和发展社会生产力，努力解决群众的生产生活困难，坚定不移走共同富裕的道路”[①]。2016 年 1 月 18 日，习近平在省

① 《十八大以来重要文献选编（上）》，北京：中央文献出版社，2014 年，第 70 页。

部级主要领导干部学习贯彻党的十八届五中全会精神专题研讨班上指出，“共享理念实质就是坚持以人民为中心的发展思想，体现的是逐步实现共同富裕的要求。共同富裕，是马克思主义的一个基本目标，也是自古以来我国人民的一个基本理想”。[①]2020 年 10 月 29 日，他在党的十九届五中全会上明确提出，共同富裕是社会主义的本质要求，是人民群众的共同期盼。我们推动经济社会发展，归根结底是要实现全体人民共同富裕。[②]

习近平强调，“消除贫困、改善民生、逐步实现共同富裕，是社会主义的本质要求，是我们党的重要使命”。[③]党的十八大以来，以习近平同志为核心的党中央团结带领全党全国各族人民，把脱贫攻坚摆在治国理政突出位置。经过 8 年持续奋斗，我们如期完成了新时代脱贫攻坚目标任务，现行标准下农村贫困人口全部脱贫，贫困县全部摘帽，消除了绝对贫困和区域性

---

① 习近平：《在省部级主要领导干部学习贯彻党的十八届五中全会精神专题研讨班上的讲话》，北京：人民出版社，2016 年，第 25 页。

② 《〈中共中央关于制定国民经济和社会发展第十四个五年规划和二〇三五年远景目标的建议〉辅导读本》，北京：人民出版社，2020 年，第 72 页。

③ 《习近平：脱贫攻坚战冲锋号已经吹响 全党全国咬定目标苦干实干》，新华网，2015 年 11 月 28 日。

整体贫困，为推动共同富裕奠定了更加厚实的基础。2016 年至 2019 年，我国城乡居民收入差距继续缩小，中等收入群体规模持续扩大，居民生活质量显著提升。2019 年，全国居民恩格尔系数降至 28.2%，比 2015 年下降 2.4 个百分点。我们一定要适应改革开放和发展社会主义市场经济的新形势，从政治、经济、社会、文化、法律、行政等各方面采取有力措施，促进社会公平正义，实现好、维护好、发展好最广大人民根本利益，特别是要实现好、维护好、发展好广大普通劳动者根本利益，让改革发展成果更多更公平惠及人民。

党的十九届五中全会审议通过的《中共中央关于制定国民经济和社会发展第十四个五年规划和二〇三五年远景目标的建议》中，明确提出了要“扎实推动共同富裕”的目标任务。到 2035 年人民生活更加美好，人的全面发展、全体人民共同富裕取得更为明显的实质性进展。习近平谆谆告诫，当前，我国发展不平衡不充分问题仍然突出，城乡区域发展和收入分配差距较大，促进全体人民共同富裕是一项长期任务。[①]“十四五”时期，适应我国社会主要矛盾的新变化，顺应人民对美好生活的

① 《〈中共中央关于制定国民经济和社会发展第十四个五年规划和二〇三五年远景目标的建议〉辅导读本》，北京：人民出版社，2020 年，第 72 页。

新期待，需要继续聚焦社会民生关键领域，谋民生之利，解民生之忧，不断提高保障和改善民生水平。继续巩固脱贫攻坚成果，健全防止返贫动态监测和帮扶机制，对易返贫致贫人口实施常态化监测，对现有帮扶政策逐项分类优化调整。继续缩小城乡、区域发展和收入差距，扩大中等收入群体，推动人民生活水平跃上新台阶。健全基本公共服务体系，完善共建共治共享的社会治理制度，不断提高劳动者收入水平，构建多层次社会保障体系，改善劳动安全卫生条件，使广大劳动者共建共享改革发展成果，以更有效的举措扎实推动共同富裕，不断增强人民群众获得感、幸福感、安全感，促进人的全面发展和社会全面进步。

第四节　实现社保全覆盖

一、完善社会保障制度

社会保障是民生安全网、社会稳定器，与人民幸福安康息息相关，关系国家长治久安，是促进社会公平正义的最有效手段。习近平高度重视社会保障体系的建设和完善。党的十八大以来，以习近平同志为核心的党中央坚持以人民为中心的发展思想，坚持全覆盖、保基本、多层次、可持续的基本方针，从增强公平性、适应流动性、保证可持续性出发，全面推进社会保障体系建设，覆盖城乡居民的社会保障体系基本建立，保障项目日益完备，制度运行安全有序，保障水平稳步提高，人民群众更多地分享到经济社会发展成果。习近平在党的十九大报告中明确提出，按照兜底线、织密网、建机制的要求，全面建成覆盖全民、城乡统筹、权责清晰、保障适度、可持续的多层次社会保障体系。[①] 这是在科学研判世情国情基础上，牢牢把握我国发展的阶段性特征和人民群众对美好生活的向往，对新时代社会保障体系建设作出的重大部署。对于不断提高保障和改善民生水平，努力满足人民群众差异化需求，更好体现社会公平正义，推动经济社会发展朝着更高质量、更有效率、更加公平、更可持续方向前进，有着重大现实意义和深远历史意义。

“十四五”时期，努力实现民生福祉达到新水平，需要进一步巩固和完善社会保障体系，健全覆盖全民、统筹城乡、公平

---

① 习近平：《决胜全面建成小康社会　夺取新时代中国特色社会主义伟大胜利——在中国共产党第十九次全国代表大会上的报告》，北京：人民出版社，2017 年，第 47 页。

统一、可持续的多层次社会保障体系，为全体人民提供生活和生产的基础性社会保障。党的十九届五中全会对此提出了明确要求，提出要健全多层次社会保障体系。首先，实施积极应对人口老龄化国家战略。实现基本养老保险全国统筹，实施渐进式延迟法定退休年龄，发展多层次、多支柱养老保险体系。同时制定人口长期发展战略，优化生育政策，积极开发老龄人力资源，健全基本养老服务体系，发展普惠型养老服务和互助性养老，稳步建立长期护理保险制度。其次，提高统筹层次。推动基本医疗保险、失业保险、工伤保险省级统筹，推进社保转移接续，落实异地就医结算，为劳动力流动创造条件，提供保障，更好地体现社会保障制度的公平可及性。再次，健全基本养老、基本医疗保险筹资和待遇调整机制，稳步提高与经济发展水平相适应的社会保障待遇水平。最后，完善社会救助和社会福利及相关社保制度，包括健全重大疾病医疗保险和救助制度，健全分层分类的社会救助体系。健全退役军人工作体系和保障制度。健全老年人、残疾人关爱服务体系和设施，完善帮扶残疾人、孤儿等社会福利制度。完善全国统一的社会保险公共服务平台等，切实发挥社会保障的制度“兜底”作用，使我国社会保障制度真正成为一种“正义的制度安排”。[1]

二、重视特殊群体和困难群体的社保

社会保障覆盖率是体现社会公平正义的基本指标之一。全面实施全民参保计划，是实现覆盖全民目标、促进人人享有基本社会保障最重要的举措。2015年12月18日，习近平在中央经济工作会议上指出，“问题是这七亿五千万人口中包括二亿五千万的以农民工为主体的外来常住人口，他们在城镇还不能平等享受教育、就业服务、社会保障、医疗、保障性住房等方面的公共服务，带来一些复杂的经济社会问题”[2]。社会政策要兜底，就是要守住民生底线。要从思想、资金、物资等方面做好准备和预案，坚决守住社会稳定底线。一些结构性改革会带来部分职工下岗失业、收入降低等阵痛，要更好地发挥社会保障的社会稳定器作用，把重点放在兜底上，保障群众基本生活，保障基本公共服务。要增加失业救助、最低生活保障等方面的

---

① 郑功成：《就业、收入分配与社会保障——从慈悲到正义之路》，《社会保障制度》2002年第8期。

② 《十八大以来重要文献选编》（中），北京：中央文献出版社，2016年，第778–779页。

财政资金，做好符合实际、有所区别、分行业分地区的可行预案。党的十九届五中全会提出，健全灵活就业人员社保制度。[①] 当前，扩大参保覆盖范围的重点是中小微企业和广大农民工、灵活就业人员、新就业形态人员、未参保居民等群体。通过全面实施全民参保计划，对各类人员参加社会保险情况进行登记补充完善，建立全面完整准确的社会保险参保基础数据库，实现全国联网和动态更新。采取有效措施，促进中小微企业和重点群体积极参保、持续缴费，促进和引导各类单位和符合条件的人员长期持续参保。不能让一些人长期游离于社会保障安全网之外，避免其生活陷入困境。

习近平在 2020 年全国劳动模范和先进工作者表彰大会上强调，要适应新技术新业态新模式的迅猛发展，采取多种手段，维护好快递员、网约工、货车司机等就业群体的合法权益。要建立健全困难群众帮扶工作机制，把党和政府的关怀送到困难群众心坎上，让他们感受到社会主义大家庭的温暖。要坚持从群众多样化需求出发开展工作，打通服务群众的新途径，使服务更直接、更深入、更贴近工人阶级和广大劳动群众，以服务

① 《〈中共中央关于制定国民经济和社会发展第十四个五年规划和二〇三五年远景目标的建议〉辅导读本》，北京：人民出版社，2020 年，第 50 页。

群众实效打动人心、温暖人心、影响人心、赢得人心。[①] 服务职工工作的重点是困难职工，现在城市困难职工还不少，我们提出全面建成小康社会一个都不能少，也包括城市困难职工。要做好城市困难职工解困脱困工作，及时做好因各种原因返贫致困职工的帮扶救助，为广大职工提供普惠性、常态性、精准性服务。对困难群众，要格外关注、格外关爱、格外关心，千方百计帮助他们排忧解难，“让农村贫困人口、城市困难群众等所有需要帮助的人们都能生活得到保障、心灵充满温暖”。[②] 要“面对面、心贴心、实打实做好群众工作”[③]，把人民群众安危冷暖放在心上，雪中送炭，纾难解困，扎扎实实解决好群众最关心最直接最现实的利益问题、最困难最忧虑最急迫的实际问题。

---

① 习近平：《在全国劳动模范和先进工作者表彰大会上的讲话》，北京：人民出版社，2020 年，第 9 页。

② 《国家主席习近平发表二〇一五年新年贺词》，《人民日报》2015 年 1 月 1 日。

③ 习近平：《在庆祝“五一”国际劳动节暨表彰全国劳动模范和先进工作者大会上的讲话》，《人民日报》2015 年 4 月 29 日。

第五节　构建和谐劳动关系

劳动关系是生产关系的重要组成部分，是最基本、最重要的社会关系之一，其协调稳定程度影响并决定着一个社会和谐的程度。劳动创造了人类社会，在劳动基础上产生了各种各样的社会关系。习近平深刻指出，劳动关系是最基本的社会关系之一。要最大限度增加和谐因素、最大限度减少不和谐因素，构建和发展和谐劳动关系，促进社会和谐。[①]

一、构建和谐劳动关系的工作原则

2011 年 8 月，习近平参加了全国构建和谐劳动关系先进表彰暨经验交流会，这是全国范围内第一次召开的专门研究构建和谐劳动关系的会议，对今后一个时期构建和谐劳动关系工作进行了全面部署。2015 年 3 月，习近平主持制定了中共中央、国务院《关于构建和谐劳动关系的意见》，明确提出了构建和谐

① 习近平：《在庆祝“五一”国际劳动节暨表彰全国劳动模范和先进工作者大会上的讲话》，《人民日报》2015 年 4 月 29 日。

劳动关系的工作原则。[①] 一是坚持以人为本。把解决广大职工最关心、最直接、最现实的利益问题，切实维护其根本权益，作为构建和谐劳动关系的根本出发点和落脚点。二是坚持依法构建。健全劳动保障法律法规，增强企业依法用工意识，提高职工依法维权能力，加强劳动保障执法监督和劳动纠纷调处，依法处理劳动关系矛盾，把劳动关系的建立、运行、监督、调处的全过程纳入法治化轨道。三是坚持共建共享。统筹处理好促进企业发展和维护职工权益的关系，调动劳动关系主体双方的积极性、主动性，推动企业和职工协商共事、机制共建、效益共创、利益共享。四是坚持改革创新。从我国基本经济制度出发，统筹考虑公有制经济、非公有制经济和混合所有制经济的特点，不断探究和把握社会主义市场经济条件下劳动关系的规律性，积极稳妥推进具有中国特色的劳动关系工作理论、体制、制度、机制和方法创新。最终实现劳动用工更加规范，职工工资合理增长，劳动条件不断改善，职工安全健康得到切实保障，社会保险全面覆盖，人文关怀日益加强，有效预防和化解劳动关系矛盾，建立规范有序、公正合理、互利共赢、和谐稳定的

① 《中共中央　国务院关于构建和谐劳动关系的意见》（2015 年 3 月 21 日），《人民日报》2015 年 4 月 9 日。

劳动关系。

二、依法保障职工基本权益

习近平强调，“哪里的职工合法权益受到侵害，哪里的工会就要站出来说话”。[①] 要保障职工取得劳动报酬的权利，完善并落实工资支付规定，健全工资支付监控、工资保证金和欠薪应急周转金制度，建立欠薪保障金制度，依法惩处拒不支付劳动报酬等违法犯罪行为，保障职工特别是农民工按时足额领到工资报酬。努力实现农民工与城镇就业人员同工同酬。保障职工休息休假的权利，督促企业依法安排职工休息休假。保障职工获得劳动安全卫生保护的权利，督促企业健全并落实劳动安全卫生责任制，加大安全生产投入，强化安全生产和职业卫生教育培训，提供符合国家规定的劳动安全卫生条件和劳动保护用品。保障职工享受社会保险和接受职业技能培训的权利，落实广大职工特别是农民工和劳务派遣工的社会保险权益，督促企业依法为职工缴纳各项社会保险费，加强对职工的职业技能培训。

---

① 《习近平同中华全国总工会新一届领导班子成员集体谈话并发表重要讲话》，新华社，2018 年 10 月 29 日。

三、健全劳动关系协调机制

全面实行劳动合同制度，加强对企业实行劳动合同制度的监督、指导和服务，依法规范劳动合同订立、履行、变更、解除、终止等行为，依法加强对劳务派遣的监管，规范非全日制、劳务承揽、劳务外包用工和企业裁员行为。推行集体协商和集体合同制度，以非公有制企业为重点对象，依法推进工资集体协商，推动企业与职工就工作条件、劳动定额、女职工特殊保护等开展集体协商，订立集体合同。健全协调劳动关系三方机制，建立健全由人力资源社会保障部门会同工会和企业联合会、工商业联合会等企业代表组织组成的三方机制，共同研究解决有关劳动关系的重大问题。

四、健全劳动关系矛盾调处机制

全面推进劳动保障监察网格化、网络化管理，扩大日常巡视检查和书面审查覆盖范围，强化对突出问题的专项整治，加大对非法用工尤其是大案要案的查处力度，严厉打击使用童工、强迫劳动、拒不支付劳动报酬等违法犯罪行为。健全劳动争议调解仲裁机制，坚持预防为主、基层为主、调解为主的工作方针，加强企业劳动争议调解委员会建设，推动各类企业普遍建立内部劳动争议协商调解机制，支持工会、商（协）会依法建立行业性、区域性劳动争议调解组织。完善劳动争议调解制度，健全人民调解、行政调解、仲裁调解、司法调解联动工作体系。完善劳动人事争议仲裁办案制度，加强裁审衔接与工作协调，积极探索建立诉讼与仲裁程序有效衔接、裁审标准统一的新规则、新制度。畅通法律援助渠道，依法及时为符合条件的职工提供法律援助。完善劳动关系群体性事件预防和应急处置机制。加强对劳动关系形势的分析研判，建立劳动关系群体性纠纷的经常性排查和动态监测预警制度，及时发现和积极解决劳动关系领域的苗头性、倾向性问题，有效防范和及时妥善处置职工群体性事件。

第五章

新时代劳动观的幸福维度：本质属性的自然回归

“劳动是财富的源泉，也是幸福的源泉。”幸福劳动思想在新时代劳动观的思想谱系中居于关键地位，深刻揭示了劳动与幸福之间的关系，关乎人类幸福的复归。把劳动与成功、幸福联系起来，进一步丰富了马克思主义劳动范畴，直接指向共产主义的终极美好。

“劳动是财富的源泉，也是幸福的源泉。”[1]幸福劳动的思想是马克思主义劳动学说的重要内容。习近平深情指出：“人民对美好生活的向往，就是我们的奋斗目标。人世间的一切幸福都需要靠辛勤的劳动来创造。”[2]幸福劳动的概念开始走进国人的心中。幸福劳动思想在新时代劳动观的思想谱系中居于关键地位，深刻揭示了劳动与幸福之间的关系，它涉及劳动的目的及价值，关乎人类幸福的复归。我国社会主义的优越性表现在幸福劳动是每个公民拥有的初始权利，是中国共产党的奋斗目标，它给予人民幸福以深切的关照。习近平把劳动与成功、幸福联系起来，进一步丰富了马克思主义劳动范畴，直接指向共产主义的终极美好。

---

① 《习近平谈治国理政》（第1卷），北京：外文出版社，2018年，第46页。

② 《人民对美好生活的向往，就是我们的奋斗目标》，《十八大以来重要文献选编》（上），北京：中央文献出版社，2014年，第70页。

第一节　幸福劳动的本质属性

一、劳动本质属性的体现

劳动是人的类本质，体现了人的自由本性。在资本主义条件下，资本取得话语权，劳动受制于资本，资本在运动和发展过程中，“把剩余劳动作为必要劳动的条件”，迫使雇佣劳动沦为资本增殖的源泉，人与劳动产品、劳动本身、人的类本质、人与人之间的关系等都发生了异化，束缚了人的自由全面发展，劳动的本质属性被异化了。也正是在异化劳动中，劳动者感受不到幸福，“劳动对工人来说是外在的东西，也就是说，不属于他的本质的东西；因此，他在自己的劳动中不是肯定自己，而是否定自己，不是感到幸福，而是感到不幸。”[①] 异化劳动是马克思在《1844 年经济学哲学手稿》中首次提出的概念，他在这本书中对资本主义的异化劳动问题做了深刻的批判，并进一步从人的本质的高度阐述了伦理学意义上的劳动观，“我的劳动是

① 《马克思恩格斯全集》（第 42 卷），北京：人民出版社，1979 年，第 93 页。

自由的生命表现，因此是生活的乐趣”[1]，指出自由的劳动是合乎人性的，是人的存在方式，是人之为人的本质。这样，马克思就将人类对劳动的认识提高到了一个新境界。这是幸福劳动思想最早的萌芽。

二、我国经济社会发展的必然

人是一种不断需求的生物，人身上存在着一些共性的且和人生发展、人格健全密切相关的需要，当人解决了温饱等生存层次的需求后，会向更高层次的需求迈进，这些需求为推动人类历史发展提供了源源不断的前进动力，同时也为满足人的更高需求创造了条件。新中国成立 70 多年特别是改革开放 40 多年来，党和国家事业取得历史性成就、发生历史性变革，人民生活不断改善，14 亿国民步入全面小康社会，中国社会整体上实现了从生理需要到尊重需要基本满足的巨大飞跃。我国是一个劳动力资源大国，劳动者总数达 9 亿人，劳动者是社会的主要群体。随着经济的发展和社会的进步，广大劳动者在物质生活水平不断提高的过程中，也越来越注重生活品质和精神生活。

① 《马克思恩格斯全集》（第 42 卷），北京：人民出版社，1979 年，第 38 页。

追求幸福劳动，向着幸福进发，是广大劳动者的必然选择。

当前，职工的需求层次不断提升，逐步由温饱层次的需求向安全、社交、尊重和自我实现等更高层次需求转变，产生了超越传统物质领域的新权益和新需求，从追求生存权益向追求发展权益转变，从追求物质权益向追求民主权利、精神权益转变，从利益诉求一体化、同质化向差异化、多元化转变。这是中国特色社会主义进入新时代发展的必然趋势，是经济发展和社会进步的重要标志。这迫切需要我们从更广领域、更多层次，采取更有力的手段，提供更高质量服务，来满足职工在民主法治、公平正义、价值追求、自我实现等方面日益增长的需求，进而不断增强他们的获得感和幸福感。

三、中国共产党人使命的驱使

幸福是人永恒的追求目标。习近平明确提出，“带领人民创造幸福生活，是我们党始终不渝的奋斗目标”“我们党干革命、搞建设、抓改革，都是为了让人民过上幸福生活”[①]。党的

① 中央党史和文献研究院、中央“不忘初心、牢记使命”主题教育领导小组办公室编：《习近平关于“不忘初心、牢记使命”论述摘编》，北京：党建读物出版社、中央文献出版社，2019年，第140页。

十九大报告指出，我国社会主要矛盾已经转化为人民日益增长的美好生活需要和不平衡不充分的发展之间的矛盾。[①] 适应这一新变化，不断满足职工群众追求幸福劳动、向往美好生活的需要，成为新时代我们的奋斗目标。对幸福生活的追求是推动人类文明进步最持久的力量。进入新时代，人民对美好生活的向往更加强烈，期盼有更好的教育、更稳定的工作、更满意的收入、更可靠的社会保障、更高水平的医疗卫生服务、更舒适的居住条件、更优美的环境、更丰富的精神文化生活，期盼孩子们能成长得更好、工作得更好、生活得更好。习近平强调指出，我们要永远保持共产党人的奋斗精神，永远保持对人民的赤子之心，始终把人民利益摆在至高无上的地位，始终同人民想在一起、干在一起，以人民忧乐为忧乐，以人民甘苦为甘苦，努力为人民创造更美好、更幸福的生活。[②]

① 习近平：《决胜全面建成小康社会　夺取新时代中国特色社会主义伟大胜利——在中国共产党第十九次全国代表大会上的报告》，北京：人民出版社，2017 年，第 11 页。

② 中共中央宣传部：《习近平新时代中国特色社会主义思想学习纲要》，北京：学习出版社、人民出版社，2019 年，第 41 页。

四、未来劳动世界的目标

1999 年 6 月，国际劳工组织总干事索马维亚在第 87 届国际劳工大会上首次提出了体面劳动的概念，明确指出，所谓体面劳动，意味着生产性的劳动，包括劳动者的权利得到保护、有足够的收入、充分的社会保护、足够的工作岗位。[①]2008 年，在中国举办的 2008’经济全球化与工会国际论坛开幕式上，胡锦涛指出，“让广大劳动者实现体面劳动，是以人为本的要求，是时代精神的体现”[②]。2010 年 2 月 25 日，习近平在 2010’经济全球化与工会国际论坛开幕式上提出，“广大劳动者是实现可持续发展的主体，工会在推动实现可持续发展、实现体面劳动方面可以也能够发挥重要作用”“要坚决反对和抵制各种形式的保护主义，维护公正、自由、开放的全球贸易和投资体系。这是各国实现可持续发展、广大劳动者实现体面劳动的重要条件，也是经济全球化条件下工会组织的重要使命”。[③]2013 年 4 月，

① 徐强：《体面劳动：从理念到践行》，《光明日报》2015 年 3 月 24 日。

② 胡锦涛：《在 2008’经济全球化与工会国际论坛开幕式上的致辞》，《人民日报》2008 年 1 月 8 日。

③ 习近平：《在 2010’经济全球化与工会国际论坛开幕式上的致辞》，新华社，2010 年 2 月 25 日。

习近平在全总机关同全国劳动模范代表座谈并发表重要讲话，强调要“维护和发展劳动者的利益，保障劳动者的权利。要坚持社会公平正义，排除阻碍劳动者参与发展、分享发展成果的障碍，努力让劳动者实现体面劳动、全面发展”。[①]2019 年国际劳工组织百年庆典的核心议题之一，就是“面向所有人的体面劳动”；劳动世界的未来全球委员会发表的大会报告的主旨，就是“为了更加美好的未来而工作”。[②]体面劳动这一概念的提出，就是想通过促进就业、加强社会保障、维护劳动者基本权益，以及开展政府、企业组织和工会三方的协商对话，来保证广大劳动者在自由、公正、安全、有尊严的条件下工作，与劳动者追求幸福劳动的旨趣高度契合。

---

① 习近平：《在同全国劳动模范代表座谈时的讲话》（2013 年 4 月 28 日），《人民日报》2013 年 4 月 29 日。

② 胡文娟、李思楚：《国际劳工组织柯凯琳专访：实现所有人体面劳动的下一个 100 年》，《可持续发展经济导刊》2019 年第 4 期。

第二节　幸福劳动的基本特征

按照习近平关于幸福劳动、幸福生活的有关思想，结合马克思主义劳动观进行研究分析，幸福劳动至少包含以下五大特征，即我劳动我愿意、我劳动我喜欢、我劳动我作主、我劳动我受益、我劳动我美丽，具备上述特征的劳动将使人在劳动过程中享受劳动，在结果上也呈现一种幸福的状态——我劳动我幸福。

一、我劳动我愿意

幸福劳动须具备合意性，也就是马克思“自由自觉的活动”的基本思想。幸福作为人类永恒的价值追求，是“现实的个人”的“现实的幸福”，这是理解幸福的出发点。人不仅是幸福的享受主体，也应该是幸福的创造主体。

人们在合意性的劳动中，不断满足需要并实现着需求的升级，而幸福则在这一过程中自然地发生。正因为是自觉自愿的行为，这种劳动就会在彰显人本关怀中体现真、善、美的意蕴，而这些正是人的幸福的具体呈现。相反，违背劳动的合意性不仅会在生理上对人产生伤害和摧残，而且心理上的负面影响在一定层面上将更严重也更持久。因此，幸福劳动的一个前提就是劳动首先要符合个人的意愿。

二、我劳动我喜欢

幸福劳动是主体喜欢的活动，即劳动与个体的职业兴趣爱好有较高的匹配度。现代社会的高度分工化使人越来越难以从事自己喜欢的工作，劳动成为持久性的享受越来越难。从这个意义上讲，幸福劳动也要求现代人的兴趣和爱好要越来越广泛，对人本身的素质也提出了更高要求，两者相互影响。从发展与享受意义上看，每个人要善于发现劳动的价值与乐趣，在劳动创造中充分展示自己的才能，在劳动过程中感受到个人的价值与乐趣。正如马克思所说，“我的劳动是自由的生命表现，因此是生活的乐趣”。[①] 因为在有用的社会劳动中，劳动对个人而言不仅是财富积累的载体，也是自我能力与价值展示的平台，不仅能实现自我肯定，也能得到社会的尊重和认同，因此获得成

① 《马克思恩格斯全集》(第 42 卷)，北京：人民出版社，1979 年，第 38 页。

就感和愉悦感。

兴趣是最好的动力源、幸福泉。“我劳动我喜欢”是实现劳动工具性手段向目的性价值的回归，“人们能根据自己的兴趣和心愿选择自己的活动，可以选择成为一个猎人、渔夫、牧人或批判者”。[①] 在日常生活中也许我们的劳动会极大地消耗体力和精力，甚至要冒着身体健康受损的风险，比如从事医疗工作、从事国防军队工作、从事科研考察工作的劳动者们等，但一旦把劳动作为我们的内在目的，劳动便赋予了我们生命存在的意义，“有意义的劳动”便诞生了。它驱使着我们为了展现自己的全部力量和才能，为了实现自己的理想价值而不辞辛劳地从事某项工作，不断地创新创造着新的一切发展力量。因此，只有在劳动中获得意义，才能发现、发展、促进人的自由实现；只有在从事人自身感觉有意义的劳动时，人才能感到幸福和快乐。

三、我劳动我作主

幸福劳动必须是自主性的活动。与合意性、职业匹配性不同，自主性不是单纯以人参与某项劳动的动机为条件，它要求

① 《马克思恩格斯全集》（第 3 卷），北京：人民出版社，1960 年。

劳动者能够自主地选择、支配、展开自己的劳动过程，而非机械、呆板、无聊地执行管理者或机器设定的固定程序。后者这种非自主性实则是现代劳动者的机器化，人与机器的关系颠倒了，人的动作和注意力总是服从于机器或算法的运转。前者这种自主性的劳动一定属于创造性、享受性的劳动，其结果一定是幸福的。

马克思认为自由是衡量人类社会进步的根本伦理尺度，社会的理想伦理目标是人的自由全面发展。劳动是人的本质属性，劳动自由是自由的根本体现。劳动丰富和发展人的生命，成就和完善自我，使劳动者拥有越来越多的自由，而自由是通往幸福的必经之地。自主性的劳动最接近劳动的本质，看似简单却很难企及，实现了劳动自由，也就实现了幸福劳动。正因为如此，“我劳动我作主”是幸福劳动的关键特征。

四、我劳动我受益

幸福劳动必须保证对人的身体的有益性，而不能损害劳动者的身心健康。这是幸福劳动的本义，也是其底线。人的劳动往往是在劳动者主体“身体健康”“体力充沛”“精神饱满”“技能熟练”“技巧擅长”的情况下进行的。在这里，劳动的目的不仅仅是为资方提供商品，也是为劳动者提供物质资料，并成为满足自身需要的超越，这种超越就是劳动主体自由个性的彰显。随着生产力和生产关系的协调向前发展、生产效率的提高、必要劳动时间的缩短、个人闲暇时间的增多，劳动者必将拥有更多的创造、创新和个性实现的时间。

当下，面对激烈的社会竞争压力，“快餐休闲”和“假日工作”已成为一种普遍现象，表现为劳动者主动压缩或者放弃闲暇时间，导致出现“过劳死”“抑郁症”等阻碍身心健康发展的问题，人们在这样的工作与生活环境中并未感受到惬意，反而背离了生命的意义，远离了幸福的体验。就像马克思所说，“一个人如果没有一分钟自由的时间……那么，他就连一个载重的牲口还不如。”[①] 这种劳动，肯定会损害劳动者的身体，摧残他们的心理。试想，“如果硬要他们终年劳碌，每星期干满 6 天，而且老是干同样的活，那他们的才能不会退化吗？”[②] 毕竟只有人们拥有了自由时间，才能有条件去拓展兴趣、提升才能、拓

① 《马克思恩格斯全集》（第 16 卷），北京：人民出版社，1964 年，第 161 页。

② 《马克思恩格斯全集》（第 23 卷），北京：人民出版社，1972 年，第 304 页。

展创造空间。

五、我劳动我美丽

幸福状态下的劳动，劳动者在改造劳动对象过程中能够获得美好体验，能够展现高尚的职业道德、舍我的奉献情怀、执着的工匠精神、精湛的劳动技艺、健美的身心体态，充分展示劳动者的意识和行为之美。幸福状态下的劳动，劳动者精湛的技艺、积极的合作、平等的对待，能够体现人类最美好的一面，劳动者在劳动中也能够获得自我发展，充分展示劳动者的劳动过程之美；还有就是，幸福状态下的劳动，能够充分发挥劳动者的创新创造才能，劳动者把自己的灵感、知识、技术、智慧及自身的情感全部凝结在劳动产品中，充分展示劳动者的劳动产品之美。劳动者在这一劳动过程中获得心灵的丰赡、精神的愉悦。

第三节　幸福劳动与劳动幸福

一、劳动创造幸福的重要内容——快乐

最美好、最高尚、最令人快乐的东西就是幸福。追求幸福

是人的本性，是人在劳动中所获得的最高之善。劳动本身就是世界上一切欢乐和一切美好事情的源泉。劳动是生产要素中最为重要、最为活跃、最有创造力的要素，劳动创造是快乐的。劳动不仅创造了物质财富这一人类幸福生活的基本条件，还创造了语言、文字、科学、技术、思想、理论、文学、艺术、宗教、道德、制度等精神财富，让人体验到快乐、感觉到幸福。精神财富的丰富与人们的幸福生活密切相关，随着人们物质生活水平的提高，精神财富日益成为人们幸福生活的重要内容。英国哲学家休谟曾说过，正是劳动本身构成了你追求幸福的主要因素，任何不是靠辛勤努力而获得的享受，很快就会变得枯燥无聊，索然无味。李大钊曾说过，我觉得人生求乐的方法，最好莫过于尊重劳动。一切乐境，都可由劳动得来，一切苦境，都可由劳动解脱。[①]只有在劳动中，一个人才能印证自己的力量和潜能，才会认识到自己存在的价值，感到真正的快乐和幸福。诚然，劳动的确有艰苦的一面，如马克思所言，劳动不可能像傅立叶所希望的那样成为游戏。但从劳动的创造意义和人的自我实现的意义上来说，劳动本是一种快乐的生命体验活动。在

① 《李大钊选集》，北京：人民出版社，1959 年，第 160 页。

劳动中，人们能够感受到生命运动的快乐、创造的快乐、唤醒生命潜能的快乐。

二、劳动创造美——让人身心愉悦、充满幸福

劳动是创造美的源泉。劳动不仅能够唤起人对美的赋形、美的色彩和美好生活的感知，还能让人体察客观事物发展变化的美的规律，让人感受着“劳动创造美”的审美愉悦。[①] 马克思说：“蜜蜂建筑蜂房的本领使人间的许多建筑师感到惭愧。但是最蹩脚的建筑师从一开始就比最灵巧的蜜蜂高明的地方，是他在用蜂蜡建筑蜂房以前，已经在自己的头脑中把它建成了。”[②] 在马克思看来，动物只生产自身，只是按照它所属的那个种的尺度和需要来建造，它的生产是片面的，而人却懂得处处都把内在的尺度运用于对象，懂得按照任何一个种的尺度来进行生产，劳动成为“按照美的规律来构造”的活动。这正是人之自由自觉本性的具体体现。也就是说，人是全面的生产，人不仅按照自身肉体的需要改造世界，而且按照美的规律改造世界。劳动不仅创造了直立行走的人，也创造了有思想、有情感、有

① 刘忱：《加强劳动教育锻造时代新人》，《红旗文稿》2020 年第 10 期。

② 马克思：《1844 年经济学哲学手稿》，北京：人民出版社，1979 年。

精神追求的人，创造了社会和人类文明。歌德说过，你若喜欢自己的价值，你就得给世界创造价值。当我们看到这种高度自尊、这种劳动精神，自然会觉得很美。所以，劳动美还包括美在个体的尊严，有自尊的人会用自己的劳动，为自己和别人去创造价值。正是由于这一点，动物才之为动物，人才之为人。全国工会在广大职工中组织开展的“中国梦·劳动美”系列活动，正是这一理论的生动实践。

三、劳动创造了幸福

离开了劳动实践，就离开了创造与享受幸福这一基本的关系范畴，人们就不能真正获得幸福。正如列宁所言：“如果说存在什么神圣的东西，那么我们这里就面对着最神圣的东西。这不是偶像，不是圣约柜，不是神龛，也不是圣体匣，而是整个文明人类的实在的、可感觉到的幸福。这种幸福或圣物，不是人的发现，也不是神的启示，它是从历史上积累的劳动中产生的……这一财富为社会民主主义的希望构成了坚实基础。”[①] 人类的幸福获得根源于劳动、实现于劳动。

① 《列宁全集》（第 55 卷），北京：人民出版社，1990 年，第 363 页。

幸福是人们对于客观现实生活状况是否满意的一种主观反映和心理体验，是一个人的需求得到满足而获得的一种包含物质上与精神上的满足和愉悦的深层体验，是从不幸之中解脱以后和与之形成对比才能感觉得到的。无论是物质富足还是精神满足，都不是随随便便唾手可得的，而是需要实实在在付出劳动、时间、精力、情感去主动争取的。劳动与幸福是同一的状态。因而，幸福劳动是劳动作为人的类本质所蕴含的自然逻辑假设。马克思在《德意志意识形态》中，提出人的本质由四要素组成，即劳动、意识、交往、需要，而劳动处于最核心的地位，这是对人的本质的高度概括。[①] 在马克思看来，人的类本质有两个特点：第一个特点是，人的劳动具有自由自觉的特点。这样的劳动在改造对象世界的过程中，不但能满足人类维持自身生存的需要，更关键的是它体现出人的本质。在劳动实践中，人在不断的、自由自觉的行为选择中获得幸福。第二个特点是，人的活动具有创造性。创造性是人获得劳动幸福的最关键的动力。可以说，劳动为每一个人提供了全面发展自我体能和智能的机遇。通过劳动发挥自身潜能、发展身心，获得物质幸福、

① 马克思、恩格斯：《德意志意识形态》（节选本），北京：人民出版社，2018 年。

精神幸福、人际幸福。从一定意义上说，劳动本身也意味着更高意义上的享受。劳动不再是一种负担，而是解放人的一种路径，是一种快乐，是人获得幸福的桥梁。

四、劳动本身就是幸福的体现

古典政治经济学只承认能够创造物质财富和实现资本增殖的“生产性劳动”，那些不能为资本创造剩余价值的劳动就是“非生产性劳动”。换言之，在资本家的眼里，能够最大限度地产生利润，为资本获得高额回报的劳动，就是高贵的有效劳动；反之，就是可鄙的无效劳动。马克思认为人的全面发展，最根本的是人的劳动能力的全面发展，即人的智力和体力的充分、统一的发展。满足人的才能、志趣、道德品质等多方面发展的高级需求，进而实现人的全面发展，必须通过人自身的劳动和奋斗。从这个意义上讲，劳动本身也是一种需求、一种幸福。

只有在马克思这里，劳动既不仅仅是作为创造物质财富手段的“生产性劳动”，也不仅仅是满足绝对精神自我运动的“精神劳动”，而是人之为人的自由自觉本质力量的自我确证和直接体现。从劳动创造人自身的角度，劳动创造着幸福获得的精神与价值主体。劳动本身就是人生命权与劳动权的统一，体现着人主体性价值的存在，劳动创造着劳动主体，劳动即幸福。幸福劳动意味着劳动本身成了生活的第一需要。对于需要物质基础的个人而言，劳动是必要的生活来源，劳动意味着活着；对于所有同样需要精神生存土壤的人来说，劳动除了为了活着，更融入人的社会属性里，实现个体与社会的紧密连接，在价值创造中获得精神的愉悦，劳动的性质发生了变化。马克思极富远见地提出，“劳动不仅仅是谋生的手段，而且本身成了生活的第一需要”。①

第四节 幸福劳动的“不幸”之痛

一、资本主义生产方式下的异化劳动

在资本主义社会，劳动成为一种被迫强制性的肉体折磨。异化的劳动让人们感觉到的不是自由与自觉的实践，而是被迫与痛苦。马克思指出，劳动的异化性质明显的表现是：肉体的强制或其他强制一旦停止，人们就会像逃避鼠疫那样逃避劳动。

① 《马克思恩格斯全集》（第46卷上），北京：人民出版社，1979年，第287页。

异化的劳动，仅仅是为了生存的一种自我牺牲、自我折磨的劳动。[①]马克思从现实出发，从活生生的人出发，认清资本主义制度下劳动的本质，即异化劳动使人憋屈，雇佣劳动使人禁锢，它们使劳动者成为边缘化的人，资本增殖才是资本家最真实的面貌。马克思认为只有在共产主义社会中，劳动才能创造幸福和复归人的本性。

二、异化劳动在我国的客观存在

第一，随着我国社会分工程度的不断提高，劳动者无法通过单一的劳动去感受生命的价值、劳动意义和精神享受。所以，从某种程度上讲，异化劳动问题依然客观存在，使劳动者感觉不到幸福。一些丧感十足的流行语如“精致穷”“隐性贫困”“内卷化忙碌”“社畜”“你好，打工人”等，就是人们对幸福劳动缺失的集体吐槽。智联招聘发布的调查报告显示：强制施行加班的工作制度在头部互联网企业比较普遍，近几年，这一工作制度还有蔓延的趋势。2019 年有 17.2% 的白领表示公司有强制施行加班的工作制度，22.5% 的白领反映所在企业

① 艾福成：《马克思主义哲学著作研究》，长春：吉林大学出版社，2004 年，第 44 页。

有实施这一工作制度的趋势，超七成白领表示加班没有加班费，“无偿加班”正横行职场，私营企业和小规模企业这方面尤甚，超八成私营企业的白领表示加班没有加班费。因为缺乏“闲时”，工人很少有接受教育和培训的机会。加之劳动财富分配结果的不正义（没能做到同工同酬、多劳多得、技高者多得），工人也缺乏休闲的“闲钱”基础，因此难以拥有“闲情”之感悟。这种剥离感、剥夺感只会带来劳动者主体力量的丧失，使劳动者在劳动中感到不幸。这样一来，发展变成什么了？纯粹是一种速度、数字、数量、规模，跟人们的生活幸福没有关系。

第二，我国社会主义初级阶段的劳动形式，仍然带有一定的压迫性和谋生性，由此造成的错误劳动价值观大行其道，社会关系过度物化，更大大降低了人们劳动的幸福感。在当前“强资本弱劳动”格局下，劳动仍然受制于资本，劳动的本质属性不可避免会出现异化，束缚了人的自由全面发展。与劳动体现人的自由本性相比，资本的功能具有极大的消解性，什么都可以明码标价，资本的唯一目的就是把所有社会关系货币化，资本可以消解一切价值。在这种情形之下，劳动就丧失了崇高感、美感、自我实现感、幸福感，成为纯粹维持生存和为他人服务的手段。

第三，现阶段我国的生产力总体还不发达，人们的收入总体还偏低，劳动在国民收入分配中的份额总体也偏低。这些决定了我们的劳动离幸福劳动还有不小的差距。劳动幸福要求实现物质幸福与精神幸福的统一。“当人们还不能使自己的吃喝住穿在质和量方面得到充分保证的时候，人们就根本不能获得解放。”[①] 人的解放必然是劳动的解放，劳动的超越必然要以生产力的极大发展为前提。穷人通常忧心忡忡，对最美好的景色都无法产生共鸣。劳动创造的物质财富，是人获得幸福的现实来源和有力保障。基于人的需要，马克思认为人们可以适当地享受物质生活，物质生活是幸福的现实基础，是人们长期生存、实现发展的条件。人们在解决吃喝住穿等方面的基本问题后，才能在社会政治、经济、文化各领域积极工作。

第四，对幸福劳动的重视远远不够。光有辛勤劳动、诚实劳动、创造性劳动还不够，还要大力倡导幸福劳动，克服异化劳动的影响。目前一些在互联网头部企业工作的“码农”，大都是国内外名牌甚至顶尖大学的计算机相关专业毕业的硕士

① 《马克思恩格斯文集》（第 1 卷），北京：人民出版社，2009 年，第 527 页。

或博士生，所在企业大都实行较长时间的加班工作制，不可谓不“辛勤”；程序代码少则几百条、多则上万条，都是一条一条，实实在在地写出来的，不可谓不“诚实”；他们研究开发的程序代码，绝大部分都是原创性的、处于“无人区”的，凝聚了他们多年专业理论知识学习所付出的心血，绝对是“创造性劳动”。但是，他们大多数人感觉不快乐、不幸福，身体超负荷运转，相当一部分人处于亚健康状态，少数人甚至出现“过劳死”，拿青春赌明天，以生命搏未来。如此下去，这些高科技企业将逐渐失去吸引力。早在一百年前的 1920 年，我们党早期的领导人就唤醒了工人阶级对自身价值的深刻认识：八小时劳动，八小时休息，八小时教育。一百年后的 2020 年，人们忙碌依旧、加班依旧、过劳依旧，一百年前工人们为之奋斗的“三个八小时”目标，与我们渐行渐远。因此，仅仅提倡“三个劳动”还不够，必须大力倡导幸福劳动。面向全面建设社会主义现代化国家新征程，实现幸福劳动应是我们努力的方向、追求的目标。

第五节　迈向幸福劳动

实现幸福劳动，需要始终坚持大力发展社会生产力，始终坚持劳动在经济社会发展中的主要作用，始终坚持劳动者在社会生活中的主体地位，始终坚持在社会分配中重视劳动者的贡献，让社会发展成果更多更好地惠及广大劳动者；需要加强劳动法律法规建设，加大劳动法律执行力度，着实保障劳动者的教育、就业、技能培训、收入分配、社会保障、劳动安全卫生等各项合法权益，真正体现对劳动、知识、人才、创造的尊重；需要加强对劳动者拼搏奋斗精神的激发和引导。

一、加快发展社会生产力

经济基础决定上层建筑。幸福和自由如此之美好，以至于每个人都为之神往，有生命的个体无时不在追寻自身的幸福和自由。西方先哲们从最初神的启示，到理性的整合，再到精神和意志的绝对统一等，都在探寻着幸福和自由的真义。如何才能使人得到幸福、享受自由？答案还得从创造了人类本质的劳动中去寻找。只有生产力不断发展、高度发达了，只有劳动者不受物质资料的束缚、拥有闲暇之时，劳动的主体才是自由的，才能拥有更高级的享受或者从事更高级的活动（创作、艺术等活动）的时间。人与自然、人与社会、人与人之间的矛盾的真正解决，才能实现必然王国向自由王国的飞跃，也就是在劳动成为人的需要的时候，必然王国才能成为手段，确立彼岸的世界。

劳动自由是对幸福的最好诠释。从人类社会生产力和劳动的发展趋势来看，未来的劳动将是高度自动化的，“人＋机器人”将是未来劳动的主要呈现方式，劳动的科学性将整体提升，整个社会的生产操作及生产管理的现代化、科学化水平将大幅提高，“工人不再是生产过程的主要当事者，而是站在生产过程的旁边”。[①] 在这样的劳动过程中，人则作为监督者和调节者而存在。从趋势上看，信息在劳动生产中的地位将充分凸显出来，稀缺信息资源的拥有者得到货币资本的支持将变得越来越容易，资本本位的逻辑将不断被解构，劳动者将逐渐从被资本禁锢的魔咒中解脱出来，这些将为消除生产资料私有制对劳动的压迫提供更广阔的前景。同时，在未来的信息社会中，用工方对劳

① 《马克思恩格斯文集》（第 46 卷），北京：人民出版社，1980 年，第 209 页。

动者特别是脑力劳动者的管理将日益松散，部分劳动资料可以由劳动者自备，劳动者甚至可以自主选择参与劳动服务的方式，雇佣的形式将越来越多样化甚至被取消。劳动者可以兼具雇佣劳动者和独立劳动者的双重身份，劳动者对用工方的依附性、从属性将不断降低，劳动关系日益多样化。这些将为劳动者提供更多的劳动自由，幸福劳动触手可及。

新时代只有大力发展生产力，提高劳动生产效率，不断降低劳动生存需求的占比，并充分吸收人工智能等最新科技成果，积极赋能人类，将人类从危险性劳动、摧残性劳动、单调枯燥劳动中解放出来，进而逐渐摆脱资本逻辑的统治控制，克服社会关系的异己力量，才能使劳动最终成为人的第一需要，使人得以自由全面发展，能够更有尊严、更加智慧、更加优雅、更加幸福地生活，全面打造一个属于劳动者的时代，真正实现国家富强、民族振兴、人民幸福。

二、健全完善劳动保障法规政策

在“劳动正义”这一章，我们对此做过充分的阐述。幸福劳动的实现，第一，需要有完备的劳动保障法律法规和政策提供支撑和保障，必须从国家层面作出规范性的制度性安排。对此，习近平有非常多的精彩讲话。“我们要顺应人民群众对美好生活的向往，坚持以人民为中心的发展思想，以保障和改善民生为重点，发展各项社会事业，加大收入分配调节力度，打赢脱贫攻坚战，保证人民平等参与、平等发展权利，使改革发展成果更多更公平惠及全体人民，朝着实现全体人民共同富裕的目标稳步迈进”[①]，“要在抓好脱贫攻坚这个第一民生工程的同时，统筹做好就业、收入分配、教育、社会保障、医疗卫生、住房、食品安全、生产安全、公共治安等各项民生的保障和改善工作，确保人民安居乐业、社会安定有序”。[②]

第二，当前尤其需要重视的是，不能假“拼搏奋斗”之名行“侵犯劳动者权益”之实。逐梦得拼搏，成功须奋斗，但“拼搏奋斗”不能演变成“拿命换钱”。劳动者的合法权益不能被忽视甚至被侵害，以健康为代价的超时工作并不能带来幸福感，告别“超时加班光荣论”，畸形加班现象必须坚决遏制。不

① 《在庆祝中国共产党成立 95 周年大会上的讲话》，北京：人民出版社，2016 年，第 18–19 页。

② 《习近平在山西考察工作时强调　扎扎实实做好改革发展稳定各项工作　为党的十九大胜利召开营造良好环境》，《人民日报》2017 年 6 月 24 日。

合理的工作时间安排是对健康体魄的提前消耗，更是对奋斗精神的污染。生活有滋有味并不妨碍工作尽心尽力。加强对劳动者合法权益的保护，让追梦人健康地奔跑，让企业发展更有温度，才是奋斗该有的样子。

第三，幸福劳动要求保障劳动者的休息休假权和发展权。幸福劳动不同于体面劳动，它高于体面劳动。幸福劳动是体面劳动、舒心工作、全面发展的加总。“舒心工作、全面发展”更多意味着对劳动者个人的心理体验、发展进步、生活品质等需求的回应，幸福劳动构成了建设人类美好生活的总体性认识。习近平在论述美好生活时，引用了恩格斯概括马克思的劳动解放思想的一段重要论述，要“给所有的人提供健康而有益的工作，给所有的人提供充裕的物质生活和闲暇时间，给所有的人提供真正的充分的自由”[①]。这是对资本主义社会异化劳动的扬弃，也是对社会主义劳动的修复。只有劳动者的权益得到充分保障，劳动关系和谐了，个人有充裕的闲暇时间，才能更好地享受生活，才能有时间学习培训充电、提升自己，才能让人人得以实现体面劳动；人们才能够在劳动中发挥自己、发展自己，

① 习近平：《在纪念马克思诞辰200周年大会上的讲话》，北京：人民出版社，2018年，第20页。

在劳动中体会幸福、在劳动中实现美好生活；国家才能在劳动中得以建设、社会才能在劳动中得以和谐发展。

三、引导激励劳动者不懈奋斗

幸福的真谛就在于奋斗，在于追求幸福、赢得幸福。人们在热爱劳动、勤奋工作、追求卓越中创造价值、积累财富、实现梦想、收获乐趣，这本身就是一种无与伦比的幸福，它会鼓舞和激励更多的人为改变命运、实现梦想而不懈奋斗。习近平在 2018 年新年贺词中说“幸福都是奋斗出来的[①]”；在春节团拜会上再次强调“奋斗本身就是一种幸福”“新时代是奋斗者的时代”[②]；在十三届全国人大一次会议闭幕会上又指出“世界上没有坐享其成的好事，要幸福就要奋斗”[③]。短短 3 个月里，习近平 3 次在重要场合强调奋斗与幸福的关系。只有奋斗，才能创造更多更好的物质财富和精神财富，才能不断增强成就感、

① “幸福都是奋斗出来的”被列入 2018 年度十大流行语。

② 《中共中央国务院举行春节团拜会　习近平发表重要讲话　李克强主持　张德江俞正声张高丽栗战书汪洋王沪宁赵乐际韩正出席》，《人民日报》2018 年 2 月 15 日。

③ 习近平：《在第十三届全国人民代表大会第一次会议上的讲话》，北京：人民出版社，2018 年，第 4 页。

尊严感、自豪感。习近平指出，“只有奋斗的人生才称得上幸福的人生……奋斗者是精神最为富足的人，也是最懂得幸福、最享受幸福的人”[①]。物质的富裕与享受更离不开艰苦的劳动和无畏的奋斗，当然这其中包括体力劳动和脑力劳动两方面。读懂了奋斗者的幸福，也就理解了幸福与奋斗的辩证关系。这种幸福，不止于感官上的刺激、物欲上的满足，而是更高层次的情感追求、更有意义的生活方式、更高价值的人生取向。

为幸福而奋斗，在劳动中谋幸福，是创建幸福劳动的逻辑支点。“天行健，君子以自强不息”，中华民族历来就是勤于劳动、乐于劳动的民族。习近平反复强调，“幸福不会从天而降，梦想不会自动成真”[②]，新时代属于每一个人，每一个人都是新时代的见证者、开创者、建设者。当前，我国的需求侧和供给侧都发生着深刻变化，人民对美好生活的新期待与经济发展不平衡不充分之间的矛盾需要找到一个新的解决方案，劳动创造

① 《中共中央国务院举行春节团拜会　习近平发表重要讲话　李克强主持　张德江俞正声张高丽栗战书汪洋王沪宁赵乐际韩正出席》，《人民日报》2018 年 2 月 15 日。

② 习近平：《在同全国劳动模范代表座谈时的讲话》（2013 年 4 月 28 日），《人民日报》2013 年 4 月 29 日。

美好生活是破解新时代社会主要矛盾的生动话语，解答了作为需求侧的美好生活需要的实现途径。要在幸福劳动的感召下，充分激发劳动者的自我潜能，使劳动者在劳动生产过程中全身心投入，更好地诠释劳动的意义，对消除劳动异化起到促进作用，实现“劳动创造幸福、幸福激励劳动”相互激荡。

幸福劳动是通往美好生活的必由之路。幸福劳动是对谋生性劳动的超越，是对自我占有欲望的克服，彰显了劳动的价值、劳动者的伟大。在幸福劳动的状态下，“生产劳动给每一个人提供全面发展的机会，这样生产劳动就不再是奴役人的手段，而成了解放人的手段，因此，生产劳动就从一种负担变成一种快乐”[①]，“任何人的职责、使命、任务就是全面地发展自己的一切能力”[②]。鼓励劳动者在劳动中自我发展、自我超越，进一步降低劳动者的功利思想，引导劳动者无私奉献、用自己的实际行为和人格魅力感染他人、全身心服务于社会，并切身感受造福他人的幸福感，从而取得劳动价值和精神享受双丰收。劳模的

① 《马克思恩格斯文集》（第 9 卷），北京：人民出版社，2009 年，第 310–311 页。

② 《马克思恩格斯全集》（第 3 卷），北京：人民出版社，1960 年，第 330 页。

树立，工匠人才的涌现，劳模精神、劳动精神、工匠精神的弘扬，有助于劳动获得感与幸福感的传递，有助于培育劳动者的奋斗意识，以保持“追梦人”和“奔跑者”的姿态，为幸福劳动的获得提供强大精神动力，并在劳动中收获幸福之体验，“光荣属于劳动者、幸福属于劳动者”①。正如马克思所讲：“历史承认那些为共同目标劳动因而自己变得高尚的人是伟大人物；经验赞美那些为大多数人带来幸福的人是最幸福的人。”②

① 习近平：《在全国劳动模范和先进工作者表彰大会上的讲话》，北京：人民出版社，2020 年，第 11 页。

② 马克思：《青年在选择职业时的考虑》，引自《马克思恩格斯全集》（第 40 卷），北京：人民出版社，1982 年，第 7 页。

第六章

新时代劳动观的教育维度：先天功能的激活重塑

从教育的维度审视新时代劳动观，劳动教育是一种复合的教育。除了它表面的字义“劳育”这一概念外，还隐含着劳动实践的教育、劳动价值导向的教育。劳动教育重在劳动价值取向、劳动态度、劳动品德方面的培育，这些都触及人的灵魂深处。

劳动教育是近年来新出现的一个热词。对劳动教育的认识，社会上莫衷一是。习近平对劳动教育高度重视，在多个场合做过一系列重要指示，从宣传倡导“劳动最光荣、劳动最崇高、劳动最伟大、劳动最美丽”[①]到提出“爱劳动”“崇尚劳动”“以劳动托起中国梦”[②]；从宣传倡导“弘扬劳模精神、劳动精神、工匠精神”到提出“社会主义是干出来的，新时代是奋斗出来的”[③]；从宣传倡导“辛勤劳动、诚实劳动、创造性劳动”[④]到提出“用智慧和汗水营造了劳动光荣、知识崇高、人才宝贵、创造伟大的社会风尚”[⑤]；从对少年儿童的成长到对广大青年、知

① 《习近平谈治国理政》（第1卷），北京：外文出版社，2018年，第46页。

② 习近平：《在庆祝“五一”国际劳动节暨表彰全国劳动模范和先进工作者大会上的讲话》，北京：人民出版社，2015年，第11页。

③ 习近平：《在全国劳动模范和先进工作者表彰大会上的讲话》，北京：人民出版社，2020年，第11页。

④ 习近平：《在同全国劳动模范代表座谈时的讲话》（2013年4月28日），《人民日报》2013年4月29日。

⑤ 习近平：《在全国劳动模范和先进工作者表彰大会上的讲话》，北京：人民出版社，2020年，第11页。

识分子、劳动模范的关心关怀；从“德智体美”全面发展到“德智体美劳”全面培养，形成了一个要素充实完整的人才培养体系。这些重要论述，进一步澄清了对劳动教育的一些模糊认识，充分体现了习近平以“人民群众对美好生活的向往，就是我们的奋斗目标”的政治信念、人民立场、劳动情怀，进一步丰富了马克思主义劳动教育观。

习近平关于劳动教育的思想，除了表面的字义“劳育”这一概念外，还隐含着劳动实践的教育、劳动价值导向的教育。从教育的维度审视新时代劳动观，劳动教育是一种复合的教育，其核心要义主要体现在三个层面：从“劳动实践”层面上讲，教育必须和劳动相结合；从“劳育”层面上讲，它与德育、智育、体育、美育相并列，在新时代“德智体美劳”教育体系中占有重要的一席之地；从“劳动的价值观”层面上讲，劳动教育重在劳动价值取向、劳动态度、劳动品德方面的培育。

第一节　教育必须和劳动相结合

劳动实践的过程，就是一个人受教育的过程，一个人成长进步的过程，也是一个社会进步发展的过程。劳动和教育相结合，不仅能够发挥各自的优势，而且两者还可以相互促进，劳动丰富了教育的手段、形式和内容，教育促进了劳动的质和量的提升，成为改造社会的强大推动力。

一、劳动具有与生俱来的教育功能

传承之道，教育为先。从教育视角出发，学校教育的主要途径是传授书本知识，但仅有静态的书本知识，难以培养出真正理解和把握人、自然与社会规律的综合能力。因为人、自然、社会的许多“秘密”，只有在与之交互交融的对象化过程中才会呈现或打开，这一切只能通过劳动来实现。劳动作为大自然赐予人类的“生命活动”，汇聚了丰富的知识要素，加强劳动教育是促进学生能力全面培养和提升的重要一环。

新时代劳动观将劳动分为生产劳动和非生产劳动，非生产劳动又可分为日常生活劳动、服务性劳动。这样一来，新时代劳动教育可细分为生产劳动教育、日常生活劳动教育、服务性劳动教育三类。在生产劳动教育中，人与人、人与社会、人与自然能够沟通、对话、交流、互动，特别是就解决某个问题、突破某个环节寻找策略，需要与他人互助协作，及时总结经验教训，这不仅可以强健体魄、锻炼创造力，而且可以增强合作意识、团结意识，这些积极的正向赋能，对人的一生影响巨大；在日常生活劳动教育中，学生在个人生活自理中强化劳动自立意识，体验持家之法、生活之道，认识到离开了劳动，日常生活将陷入停顿，这也是学生健康成长进步、提高劳动认知、更好适应社会生活的重要基础；在服务性劳动教育中，学生可以利用知识、技能、工具、设备等为他人和社会提供服务，特别是在公益劳动、志愿服务中强化社会责任，培养利他主义的社会公德。

三类劳动教育的内容侧重点不同，都很重要，不可偏废。对于青少年学生来说，通过上述三类劳动教育，可以帮助学生进行社会化训练，打通学校与社会的隔离，增加学生与社会的互动，帮助学生形成对社会和客观世界的认知。通过劳动，让学生动手动脑、出力出汗，接受生活锻炼，磨炼意志毅力，培养学生正确的劳动价值观和良好的劳动品质。

二、劳动造就“全面发展的人”

马克思对人的全面发展格外关注，认为人要以一种“全面的方式”占有自己的“全面的本质”，在全面发展基础上的自由发展必然是“有个性的人”。这是人类社会发展追求的终极目标。实现这一目标从根本上讲靠劳动，具体的实现路径，就是教育和劳动的结合。马克思指出：“正如我们在罗伯特·欧文那里可以详细看到的那样，从工厂制度中萌发出了未来教育的幼芽，未来教育对所有已满一定年龄的儿童来说，就是生产劳动同智育和体育相结合，它不仅是提高社会生产的一种方法，而且是造就全面发展的人的唯一方法。”①

教育和劳动相结合的思想内涵是，人类劳动生产的早期主要是物质资料的生产劳动，在这个过程中，人们在掌握生产技艺的基础上，不断积累生产经验，必须通过教育的途径及手段，将生产技艺与生产经验不断地传递下去，知识的累积与叠加、继承与创新，推动着社会的发展进步。在更高的发展阶段——人超越了“以物的依赖性为基础”的发展阶段，教育为促进人的发展提供了内在动力价值，劳动与教育的过程性实现了统一，劳动教育使人的“自由个性”不断走向全面发展。正如邓小平所讲，劳动教育是“培养理论与实际结合、学用一致、全面发展的新人的根本途径，是逐步消灭脑力劳动和体力劳动差别的

① 《马克思恩格斯选集》（第2卷），北京：人民出版社，1995年，第212页。

重要措施”①。

三、生产劳动和教育的结合是改造社会的最强有力手段

劳动教育伴随着一个人成长进步的全过程。列宁将生产劳动与教育相结合，作为培养社会主义接班人和改造社会的重要手段。他指出：“没有青年一代的教育与生产劳动的结合，未来社会的理想是不能想象的。”②他把提高劳动生产率看作社会主义建设的关键，认为要完成社会主义改造，大家进行的劳动应不再是被迫的劳动，而是通过劳动来发展自己，通过组织劳动竞赛，不仅团结工人的合作精神，而且还能促进工人们一起进步、共同提高，进而促进社会的发展。

中国共产党人极力主张教育和劳动的结合。毛泽东指出：“几千年来，都是教育脱离劳动，现在要教育劳动相结合，这是一个基本原则。”③他提出多设立校办工厂、农场，并在学校开

---

① 中共中央文献研究室编：《邓小平同志论教育》，北京：人民教育出版社，1990 年，第 63 页。

② 《列宁全集》（第 2 卷），北京：人民出版社，1984 年，第 461 页。

③ 《建国以来毛泽东文稿》（第 7 册），北京：中央文献出版社，1992 年，第 396 页。

设相应的劳动课程，在学习之余进行劳动实践。他要求对大量从事生产劳动的工人、农民进行劳动教育，使他们在掌握丰富理论知识的同时还能够结合自己的工作特点提升劳动效率；并要求党员干部深入基层，同劳动人民一起参加集体劳动并进行教育，与工人农民等无产阶级群众一起，与他们打成一片。这也是践行党的群众路线的一个有效载体。“两参一改三结合”（干部参加劳动，工人参加管理，改革不合理的规章制度，工人群众、领导干部和技术员三结合）的“鞍钢宪法”，是毛泽东坚持教育和劳动相结合思想的典型体现。邓小平强调劳动教育在促进青少年发展中的作用，“为了培养社会主义建设需要的合格人才，我们必须认真研究在新的条件下，如何更好地贯彻教育与生产劳动相结合的方针”。[①] 习近平突出强调劳动教育在社会主义建设者和接班人培养中的基础性作用。2013 年 5 月 29 日，他在同全国各族少年儿童代表共庆“六一”国际儿童节时指出，“生活靠劳动创造，人生也靠劳动创造。你们从小就要树立劳动光荣的观念，自己的事自己做，他人的事帮着做，公益的事争着做，通过劳动播种希望、收获果实，也通过劳动磨炼意志、

① 《邓小平文选》（第 2 卷），北京：人民出版社，1994 年，第 107 页。

锻炼自己”[1]。

第二节　劳动教育的本位回归

“劳育”是劳动教育的本义，它在我国整个教育体系中的地位的获得，经历过一番曲折，新时代终于回归本位。“劳育”和德智体美“四育”不太一样，其综合性较强，角色相对复杂，与其他“四育”都有交叉但又相对独立，凸显了其地位的重要性和特殊性。

一、我国教育方针的历史演变

德智体美劳“五育并重”这一理论，最早始于民国时期的教育家蔡元培。但是，蔡元培的“五育并重”没有写进当时教育的相关制度安排中。此后几十年，我国的教育方针基本上都是提德智体“三育”。1957 年 2 月，毛泽东在《关于正确处理人民内部矛盾的问题》中提出：“我们的教育方针，应该使受教

① 《习近平在同全国各族少年儿童代表共庆“六一”国际儿童节时强调让孩子们成长得更好》，新华网，2013 年 5 月 30 日。

育者在德育、智育、体育几方面都得到发展，成为有社会主义觉悟的有文化的劳动者。”[①]1978年4月，邓小平在全国教育工作会议上重申了这一方针：“我们的学校是为社会主义建设培养人才的地方。培养人才有没有质量标准呢？有的。这就是毛泽东同志说的，应该使受教育者在德育、智育、体育几方面都得到发展，成为有社会主义觉悟的有文化的劳动者。”[②]“德智体”全面发展成为社会主义教育方针。1999年，在我国的教育方针中增加了一个“美”字，即：“教育必须为社会主义现代化建设服务，必须与生产劳动相结合，培养德智体美等方面全面发展的社会主义事业建设者和接班人。”也就是说，新中国成立后的半个世纪里，一共提出过两次大的教育方针，虽然都没有把“劳”字加入其中，但教育要与劳动生产实践相结合，却始终是教育方针的重要内容和根本要求，培养劳动者、建设者是其落脚点。尽管劳动在教育方针中从未缺位，但一直是扮演“影子”教育的角色。由于劳动教育这一要素被视为包含在“德智体美”

① 《毛泽东同志论教育工作》，北京：人民教育出版社，1958年，扉页。

② 教育部、中央文献研究室：《毛泽东、邓小平、江泽民论教育》，北京：中央文献出版社、人民教育出版社、北京师范大学出版社，2002年，第138页。

四育之内，尚未取得一个独立的地位，在实践中普遍存在劳动教育在学校中被弱化、在家庭中被软化、在社会中被淡化、在研究中被虚化的现象。2018 年 9 月 10 日，习近平在全国教育大会上指出，“培养德智体美劳全面发展的社会主义建设者和接班人，加快推进教育现代化、建设教育强国、办好人民满意的教育”①。从民国初期到 2018 年，经过了近一个世纪的曲折变化发展，“德智体美劳”五育并重，再次重提，成为我国新时代的教育方针，劳动教育终于获得了独立地位。当然，这不是简单的回归，社会主义市场经济下的劳动教育，其含义与百年前也大不相同，深深地打上了新时代的烙印，劳动教育掀开了崭新的一页。

从教育的历史发展演变轨迹来看，新中国成立以来，我国的教育方针做了三次大的调整，每次教育方针的重大转变，都是经济社会发展需要的结果，它顺应了时代发展的要求，回应和解决了时代提出的问题。社会主义改造基本完成之后的 1957 年，提出了“德智体”全面发展的社会主义教育方针，是为了适应社会主义制度基本建立起来后开展大规模经济建设的需要。

---

① 习近平：《坚持中国特色社会主义教育发展道路　培养德智体美劳全面发展的社会主义建设者和接班人》，《人民日报》2018 年 9 月 11 日。

世纪之交的1999年，提出了“德智体美”全面发展的新时期中国特色社会主义教育新方针，是为了新世纪全面提高国民素质、对学生进行素质教育的需要。随着中国特色社会主义进入新时代，2018年提出了“德智体美劳”全面发展的教育方针，则是适应全面建成小康社会，进而实现中华民族伟大复兴中国梦的需要。劳动教育在民族复兴的伟业中将绽放出璀璨的光芒。

二、“劳育”在我国教育体系中的地位作用

第一，“劳育”是中国特色社会主义教育制度的重要内容，直接决定社会主义建设者和接班人的劳动精神面貌、劳动价值取向、劳动技能水平。2019年11月26日，习近平主持召开中央全面深化改革委员会第十一次会议，审议通过了《关于全面加强新时代大中小学劳动教育的意见》。2020年3月20日，中共中央、国务院正式下发了这个意见。党中央、国务院就一项教育内容专门发文，显示了以习近平同志为核心的党中央对劳动教育的高度重视，将劳动教育纳入新时代“培养什么人”这一“教育首要问题”中，把劳动教育的地位提到了前所未有的高度。

第二，“劳育”在育人方面具有根和魂的作用，为人的成

长进步提供了底层逻辑。首先，劳动是人类文明起源的主要手段，是人身心发展的底层结构，没有劳动，人的成长进步无从谈起，换言之，没有劳动的成长是伪成长。其次，劳动是知识建构和创造的源头，为所有学习活动提供了重要支撑，没有劳动做基础，知识建构和知识创造要么不会发生，要么不可持续。最后，劳动技能是很多学习技能的母体，劳动实践与学习实验紧密相关、与理论推衍相互促进，没有劳动就没有教育。综上，“劳育”是实现整体育人的必要条件。通过劳动教育，可以构建人类认知世界的方式，培养人们的探索精神、创新能力、实践经验，锻造和炼制人的观察、分析、判断、解释、评价、预测、想象、创新、综合等众多的人工智能时代不可复制的关键能力。

第三，“劳育”是人生的第一教育，是学生成长的必要途径，在德智体美劳全面发展的教育体系中起统领作用。从“劳育”与德智体美“四育”之间的关系看，它们既密切相关又各有侧重。就相关性而言，劳动价值观、劳动态度、劳动品德方面的培养是“德育”的重要内容，劳动知识技能的培养、劳动习惯的养成可成为“智育”和“体育”的重要内容，整个过程中学生体验到的劳动者对美的追求和创造则是“美育”的内容。但这并不意味着“劳育”可有可无，能够被其他“四育”代替。

恰恰相反，它具有树德、增智、强体、育美的综合育人价值，在整个教育体系中起到支柱的作用。“德育”体现“善”的要求，侧重解决教育对象的世界观、人生观、价值观的问题；“智育”体现“真”的要求，侧重开发智力、增强心智、提升智能；“体育”体现“健”的要求，促进身体发育、机能发展、体魄健康；“美育”体现“美”的要求，陶冶情操、塑造心灵、提升品位；“劳育”体现的是人才培养的“真、善、健、美”的综合性目标要求，是支持“德智体美”教育的相对独立的重要领域，将“劳”与“德智体美”并列，既是对劳动教育本身的有效加强，也是对“德智体美”教育的有力支撑。劳动教育不是一种独立的教育形式，而是一种统领性的教育，它无时不在、无处不在，渗透在教育的各个方面，渗透在人们生活、学习、工作的各个环节。正因为如此，“德智体美劳”五位一体，浑然天成：“德”定方向、“智”长才干、“体”健身躯、“美”塑心灵、“劳”托梦想，指明了“人的全面发展”的培养路径。

三、“德智体美劳”全面发展的教育方针的时代价值

《中共中央　国务院关于全面加强新时代大中小学劳动教育的意见》提出，要把劳动教育“与德育、智育、体育、美育

相融合，紧密结合经济社会发展变化和学生生活实际，积极探索具有中国特色的劳动教育模式”。[①] 习近平明确提出，要以凝聚人心、完善人格、开发人力、培育人才、造福人民为工作目标……要努力构建德智体美劳全面培养的教育体系，形成更高水平的人才培养体系。[②] 德智体美劳全面培养的教育体系中的“劳”，既是培养目标，又是培养路径。

把“劳”独立出来，加入新时代教育方针中，凸显了“劳”在人才教育培养中的重要性。我国是工人阶级领导的、以工农联盟为基础的人民民主专政的社会主义国家，劳动人民当家作主。尊重劳动和劳动者是我国政权的根基，也是经济社会发展的根基。随着改革的深化，社会主义市场经济的发展以及科学技术的发展，企业生产方式、劳动组织方式、收入分配方式发生了巨大变化，极大地调动了劳动者的积极性、主动性和创造性，但同时社会上出现了一些轻视劳动、不尊重劳动者的现象，在部分地区、领域还比较严重，在一些青少年中也出现了不珍

① 《中共中央　国务院关于全面加强新时代大中小学劳动教育的意见》，《人民日报》2020 年 3 月 27 日。

② 习近平：《坚持中国特色社会主义教育发展道路　培养德智体美劳全面发展的社会主义建设者和接班人》，《人民日报》2018 年 9 月 11 日。

惜劳动成果、不想劳动、不会劳动的现象，对此必须引起我们的高度重视。

加强劳动教育，是促进青少年健康健全人格培育和塑造的重要途径。青少年是国家的未来和希望，正处于人生发展的上升期，可塑性较强。实施什么样的教育，就会培养出什么样的人，缺少劳动教育，就不会培养出全面发展的社会主义接班人。因此，加强劳动教育，从儿童时代起就引导鼓励学生从事力所能及的劳动，让劳动的种子在他们心中生根发芽，最终必将培育出健康健全的人格之树。它为大规模培养热爱劳动的社会主义建设者和接班人指明了方向，开辟了新路径，凸显了德智体美劳全面发展的教育方针的时代价值，其政治意义和社会意义十分重大。德智体美劳全面培养是中国特色社会主义教育的本质要求和迫切需要，为培养德智体美劳全面发展的社会主义人才、实现人的自由而全面发展提供了价值遵循和前进方向。

四、促进“劳育”落地见效的制度建构

第一，以法律制度形式规定劳动教育主体。劳动教育并不限于体力劳动或直接的生产劳动，是基于体力劳动与物质生产劳动的实践活动。在家庭生活之中体现为自理、自立的独立生

活活动，在职业生活中体现为通过自己力所能及的各种劳动获取物质生活资料的活动，在社会生活中体现为各种为社会做贡献的公益性活动，在学习之中体现为与具体的学科知识相联系的动手操作和实践活动。劳动教育不是社会、学校或家庭单方面的事情，需要建立多元化的劳动教育实施主体。习近平强调，要“把劳动教育纳入人才培养全过程，贯通大中小学各学段和家庭、学校、社会各方面，教育引导青少年树立以辛勤劳动为荣、以好逸恶劳为耻的劳动观，培养一代又一代热爱劳动、勤于劳动、善于劳动的高素质劳动者”[①]。教育行政管理部门以及国家权力机构依法治教，是劳动教育的管理主体；学校是劳动教育的实施主体，社会各相关部门、单位、团体和社会各界有配合实施劳动教育的责任与义务，是配合学校劳动教育实施的主体；学生直接参与劳动，是接受劳动教育的主体。

第二，明确各劳动教育主体的职责。教育行政管理部门以及国家权力机构依法监督、管理、规范各个劳动教育实施机构的教育活动；将劳动教育纳入现代化人才培养全过程。在“五育”并举的整体设计下坚持劳动教育的关键性地位，把握好劳

① 习近平：《在全国劳动模范和先进工作者表彰大会上的讲话》，北京：人民出版社，2020 年，第 5 页。

动教育的基础性角色。学校要在劳动教育的教学计划制订和课程设置、统筹协调劳动教育活动安排、开展劳动教育考核评价、建立劳动教育档案等方面起到主导作用。家庭要配合实施家庭生活劳动教育计划，并及时协助做好学生个人劳动教育过程与成果的记录。社会各相关部门、单位、团体要积极主动配合学校实施劳动教育，不得无理拒绝相关安排。学生在成长的不同年龄阶段必须接受相应质和量的劳动教育。

第三，建立劳动教育评价、督导机制。教育行政管理部门以及国家权力机构对配合学校实施劳动教育的单位，进行教学质量与数量考评。强化考评结果的全方位使用和激励机制建设。国家规定对个人劳动教育考评的结果要在升学、就业、职务晋升以及各种人才选拔中广泛使用，作为衡量评价德才的重要组成部分。学校、教育行政部门以及相关的企事业单位、社会团体要把劳动教育的过程和成果载入档案，作为考核评价的依据和重要参考，形成有效的劳动教育激励机制。

第三节 劳动教育的价值取向

这里的劳动价值观是狭义的，是指人们对劳动的根本看法，它直接决定着人们的价值判断和价值选择，是世界观、人生观、价值观的重要组成部分。不能把劳动教育简单看成一种技能训练，淡化劳动教育的育人功能，要让劳动教育成为一种价值召唤，通过劳动来推动经济社会发展，创造美好幸福生活，真正成为人们特别是青少年的共同心声和普遍追求。

一、培育昂扬向上的劳动价值观

劳动价值观决定了劳动教育的主要内容，社会主义劳动教育的核心目标是促进全社会形成正确的劳动价值观。劳动教育不仅是针对学生的，更是一个针对全体国民的课题，其核心在于劳动价值观的塑造，劳动价值观是整个国家和民族的精神内核。《关于全面加强新时代大中小学劳动教育的意见》明确指出，劳动教育的总体目标是“通过劳动教育，使学生能够理解和形成马克思主义劳动观，牢固树立劳动最光荣、劳动最崇高、劳动最伟大、劳动最美丽的观念”[①]。这是新时代对劳动价值观的明确定位。

劳动价值观的培育应当涵盖以下几个方面：一是要认识到劳动的本源价值，即劳动是创造物质世界和人类历史的根本动力，劳动创造了历史，也创造了人本身，劳动光荣、劳动者神圣。二是要认识到劳动的经济价值，即劳动是一切社会财富的源泉，空谈误国，实干兴邦；按劳分配是合乎正义的分配原则，不劳而获、少劳多得不义可耻。三是要认识到劳动的公平价值，知晓新时代劳动范畴的复杂性、广泛性、多样性，切实改变轻视体力劳动和体力劳动者的错误心态，公平对待一切形式的体力、脑力劳动。四是要认识到劳动的精神价值，劳动不仅创造物质财富，也创造精神财富，劳模精神、劳动精神、工匠精神丰富了伟大的民族精神和时代精神，是社会主义核心价值观的重要内容。五是要认识到劳动的幸福价值。劳动是幸福的源泉，要让人们特别是广大青少年懂得劳动创造幸福、劳动创造美好生活的道理，由衷地崇尚劳动、尊重劳动者，指导青少年形成正确的择业观、就业观、创业观。六是要认识到劳动的教育价

① 《中共中央　国务院关于全面加强新时代大中小学劳动教育的意见》，《人民日报》2020 年 3 月 27 日。

值，教育与生产劳动相结合不仅体现了社会主义教育的本质，而且表明只有热爱劳动、参加劳动才能实现个人的健康成长，不愿劳动、不爱劳动则会阻碍个人的全面发展。通过劳动教育达成上述共识，有助于人们树立新时代劳动观，形成正确的价值判断。

二、培育积极端正的劳动态度

劳动态度是在一定劳动价值观的支配下、在长期劳动情感体验基础上形成的一种相对稳定的对待劳动的心理倾向。对劳动采取什么态度，从来就是衡量一个人的道德觉悟的重要标准。鄙视劳动、不劳而获、无偿地占有他人的劳动，是剥削阶级的腐朽道德观。崇尚劳动，树立劳动最光荣、劳动最崇高、劳动最伟大、劳动最美丽的观念，这是由劳动的本质意义决定的。

“爱劳动”一直是我国劳动教育中特别重视培养的基本劳动态度。当下人们变得越来越浮躁，不少年轻人被一夜暴富、一夜成名鼓噪忽悠着。一方面，不少人梦想快速成功成名、发财致富，“躺着就想把钱给赚了”，追求“短、平、快”的功利主义一时甚嚣尘上。另一方面，更多人基于自身能力、社会环境、工作压力等原因，失去了追逐梦想的动力，没有了激情和梦想，生活变成了混日子。要通过劳动教育，让人回归“爱劳动”的本心，再造社会根基，助力社会和谐。习近平语重心长地指出，“要坚持艰苦奋斗，不贪图安逸，不惧怕困难，不怨天尤人，依靠勤劳和汗水开辟人生和事业前程”。[1]

新时代劳动教育除了要继续培养学生热爱劳动的态度外，还要进一步加强辛勤劳动态度的培养。习近平谆谆教导青年人，要“树立以辛勤劳动为荣、以好逸恶劳为耻的劳动观”[2]，端正劳动态度，坚决杜绝不珍惜劳动成果、不愿意劳动的现象。任何时候任何人都不能看不起普通劳动者，都不能贪图不劳而获的生活。劳动没有高低贵贱之分，任何一份职业都很光荣。习近平曾多次回忆起自己作为一名普通劳动者时的生活。从陕北高原修建淤地坝，到福建宁德清淤修渠，青年时代的基层经历和劳动经验，让他深知劳动是锤炼作风、联系群众的重要法宝。这既是习近平精彩的劳动阅历，也是对“劳动没有高低贵贱之分”的生动诠释。

---

① 习近平：《在知识分子、劳动模范、青年代表座谈会上的讲话》，北京：人民出版社，2016 年，第 11 页。

② 习近平：《在全国劳动模范和先进工作者表彰大会上的讲话》，北京：人民出版社，2020 年，第 6 页。

劳动教育要内化于心、外化于形。劳动教育不是刻意、强制的观念和行为，而是依存于自觉意识、自觉追求、自觉行为过程中的。要把劳动的理念和行为渗透到生活、学习、工作的各个环节中，使之成为人的一种生存方式。要对学生进行全方位的劳动态度教育，培养良好的劳动习惯，在动手实践、出力流汗中播撒崇尚劳动的种子，在接受锻炼、磨炼意志中涵养艰苦奋斗的精神，在扎根大地的劳动中展现风采、感受快乐、实现成长，真正从内心和行为深处完成育人过程。

三、培育踏实肯干的劳动品德

劳动品德是指人们在劳动过程中所表现出来的对他人、社会的稳定的心理特征或倾向，它直接反映出人的道德品质。在社会主义社会中，对每个公民来说，劳动不再只是一种谋生的手段，而是对国家、对人民、对社会应尽的义务，同时也是每个公民神圣不可侵犯的权利。从道德角度讲，热爱劳动、崇尚劳动成为每个公民应当遵循的基本要求，也是当今社会发展的迫切需要。

新时代要强化诚实的劳动品德。要求劳动者不驰于空想，不骛于虚声，不投机取巧、坐享其成，不走近道、抄捷径，而是诚实地运用自己的全部体力与脑力，不断实现梦想、获得发展。特别要旗帜鲜明地反对一切不劳而获、贪图享乐、崇尚暴富的错误观念。引导全社会增强对劳动人民的感情，以实实在在的劳动，报效国家、奉献社会、服务他人。习近平深刻指出，“实现中国梦，最终要靠全体人民辛勤劳动，天上不会掉馅饼！特别是要加强对广大青少年的教育，让他们从小就树立起辛勤劳动、诚实劳动、创造性劳动的观念，不要养成贪吃懒做、好逸恶劳、游手好闲、投机取巧、坐享其成等错误观念”。①

新时代要养成尊重劳动的思想品德。通过扎实有效的劳动教育，引导学生树立正确的劳动观念，形成良好的劳动品质。劳动教育不仅能培养学生的生活技能，而且能促进人的体力和智力发展，体力劳动能够不断拓展人的心智疆域，使人的心智人格得到充分锤炼，使学生的创新精神和实践能力得以提升。同时，劳动赋予劳动者智慧顽强、积极乐观等品质，走近劳动、走近劳动者，能够真切地被感动并产生由衷的尊重和敬意。

新时代要唤起人们的劳动情怀。劳动教育不仅能够培养爱劳动、依靠自我劳动生存与创造的道德品质和人格品质，而且

① 《习近平勉励青年：第一粒扣子要扣好》，人民网，2018 年 10 月 15 日。

还能够增强体质、磨炼意志、促进身心健康、丰富对人生的理解。通过劳动教育，使青少年学生具备满足生存发展需要的基本劳动能力，引导他们把注意力转向关注自我成长、能力锻炼等内部目标。只有这样，才会激发他们的“内驱力”，使他们更加积极主动地劳动，充分体验到劳动过程中的满足感和幸福感。要教育引导青少年学生和全体劳动者树立高远志向，历练敢于担当、不懈奋斗的精神作风，坚守乐观向上、勇于实践的人生态度，增强热爱劳动、甘于奋斗的劳动情怀，身体力行向全社会传播劳动精神、劳动观念、劳动品德，让勤奋做事、勤勉为人、勤劳致富在全社会蔚然成风。

第七章

新时代劳动观的实践维度：自我确证的起点与终极

实践的观点是唯物史观首要的基本观点。劳动的一切功能和作用，都需要靠实践来体现和完成。劳动创造历史是劳动实践的过程呈现，劳动创造价值是劳动实践的结果，劳动成果的分配正义是劳动实践持续的动力源，劳动创造幸福是劳动实践的初衷，劳动教育是劳动实践的主体功能和价值的承载。

实践的观点是唯物史观首要的基本观点。劳动创造历史是劳动实践的过程呈现，劳动历史之维构成了劳动实践之维的立论基础；劳动创造价值是劳动实践的结果，劳动价值之维构成了劳动实践之维的内驱力；劳动成果的分配正义是劳动实践持续的动力源，劳动正义构成了劳动实践的价值标尺；劳动创造幸福是劳动实践的初衷，实现幸福劳动构成了劳动实践的追求目标；劳动教育是劳动实践的主体功能和价值的承载，也是劳动实践的重要内容和方式。总之，劳动的一切功能和作用，都需要靠实践来体现和完成，劳动实践是新时代劳动观的出发点和落脚点。

第一节　劳动实践的哲学精神

亚里士多德在其伟大的伦理学著作《尼各马可伦理学》中将人的行为分为理论、实践、生产三种。这里撇开生活不讲，亚里士多德认为，理论是思辨的沉思，处于最高地位，因为古希腊普遍重视理论智慧，认为只有理论的沉思才能使人超越有限性而契合神、接近神。实践是“自身就是目的”的活动，从与动物相区别的物质生产劳动到政治革命都可以称之为实践。

马克思的实践概念继承了亚里士多德等古希腊哲学家的实践哲学的内在精神。他们都认为实践具有超验性，是追求终极的“善”的活动。与他们不同的是，马克思把劳动作为实践哲学的核心。人类的第一个历史活动就是物质生产活动，就是劳动。他把亚里士多德时期奴隶从事的劳动提高到实践的层次，就是要让所有人甚至是处于社会最底层的劳动阶级也能在劳动中从事实践，实现自己的价值和目的，进而获得自由和解放。他进一步分析，实现这一理想目标有几个前提，那就是物质财富的提升、社会生产力的发展、从事物质生产的劳动者成为主人。因此，在马克思眼里，劳动不仅是维持肉体生存的手段，而且是人的本质的自我确证，将劳动提升为实践，实现了哲学革命，成为指引人类社会发展的重要理论武器，“理论一经掌握群众，也会变成物质力量”。①

---

① 马克思：《〈黑格尔法哲学批判〉导言》（1843 年 10 月中—12 月中），《马克思恩格斯选集》（第 1 卷），北京：人民出版社，1995 年，第 9 页。

在继承、运用、发展马克思主义实践观的过程中，毛泽东用通俗易懂的语言进一步诠释了实践的科学本质。他认为，实践是“主观见之于客观的东西”，是人们“根据于一定的思想、理论、计划、方案以从事于变革客观现实”的行动。[①] 在毛泽东看来，人类不仅向现实世界索取自己所需要的东西，而且也使现实世界的面貌发生改变，变成人类所需要的那个样子。这种把头脑里主观的东西变为客观的实在的东西的过程，就是“主观见之于客观”的过程，即劳动实践的过程、“知行合一”的过程。习近平指出，“马克思主义具有鲜明的实践品格，不仅致力于科学‘解释世界’，而且致力于积极‘改变世界’”[②]。2018 年 5 月 2 日，他在和北京大学师生座谈时谈道：“不论学习还是工作，都要面向实际、深入实践，实践出真知；都要严谨务实，一分耕耘一分收获，苦干实干。广大青年要努力成为有理想、有学问、有才干的实干家，在新时代干出一番事业。我在长期工作中最深切的体会就是：社会主义是干出来的。”[③] 奋斗创造

① 毛泽东：《实践论》，北京：人民出版社，1992 年，第 19 页。

② 习近平：《在哲学社会科学工作座谈会上的讲话》，新华社，2016 年 5 月 18 日。

③ 习近平：《在北京大学师生座谈会上的讲话》，新华社，2018 年 5 月 2 日。

历史，实干成就未来！

第二节　辛勤劳动创造价值

习近平强调，“说到底，实现中华民族伟大复兴的中国梦，要靠各行各业人们的辛勤劳动”[①]“人间万事出艰辛，越是美好的未来，越需要我们付出艰辛努力”[②]。“辛勤劳动”，指的是劳动的基本特征。劳动是人的最基本的实践活动。在劳动过程中，必须体现实践的要求，主观见之于客观。无论脑力劳动，还是体力劳动，都是需要付出辛苦和勤奋的。只有进行辛勤劳动，才能积累财富、成就人生。实现中国梦，应当在全社会倡导辛勤劳动，以劳动托起中国梦。

---

① 习近平：《在知识分子、劳动模范、青年代表座谈会上的讲话》，北京：人民出版社，2016 年，第 9 页。

② 习近平：《在同全国劳动模范代表座谈时的讲话》，《人民日报》2013 年 4 月 29 日。

一、人类的发展成就主要靠辛勤劳动

我们常说，人类发展的历史就是一部劳动史，准确地讲，应该是一部辛勤劳动的历史。人类社会绵延发展至今，主要还是靠辛勤劳动创造得来的。人类通过劳动，在劳动过程中，认识自然现象，寻找自然发展规律，创立了各种门类的科学知识体系，实现了科学技术的不断进步。从茅草棚子到摩天大楼，从嫦娥奔月的幻想到宇航员太空漫步的实现，从五洋捉鳖的憧憬到“奋斗者号”深海探测器在万米深马里亚纳海沟的成功坐底，从驿站的烽火台到今日的光缆通信，这一切历经了几千年漫长的岁月，凝结着无数代人的辛勤劳动。

毛泽东指出：“社会主义制度的建立给我们开辟了一条到达理想境界的道路，而理想境界的实现还要靠我们的辛勤劳动。”[①]“劳动光荣”的口号从此响彻华夏大地。“不劳动者不得食”，勤劳勇敢的中国人民正是通过“自力更生，艰苦奋斗”，才把“一穷二白”的旧中国建设成为繁荣富强的社会主义新中

① 教育部、中央文献研究室：《毛泽东、邓小平、江泽民论教育》，北京：中央文献出版社、人民教育出版社、北京师范大学出版社，2002年，第66页。

国。在社会主义改造和建设事业中，全国人民依靠劳动和创造，在短短二三十年时间内建成了独立的、比较完整的工业体系和国民经济体系。改革开放后，邓小平基于我国处于社会主义初级阶段的现实，倡导人们通过“合法经营，诚实劳动”来发家致富。江泽民强调要“放手让一切劳动、知识、技术、管理和资本的活力竞相迸发，让一切创造社会财富的源泉充分涌流”①。胡锦涛鲜明提出了“以辛勤劳动为荣、以好逸恶劳为耻”的社会主义劳动荣辱观。进入新时代，习近平强调：“奋斗本身就是一种幸福。只有奋斗的人生才称得上幸福的人生。奋斗是艰辛的，艰难困苦、玉汝于成，没有艰辛就不是真正的奋斗，我们要勇于在艰苦奋斗中净化灵魂、磨砺意志、坚定信念。”②辛勤劳动伴随着新中国发展的全部历史进程。

---

① 江泽民：《全面建设小康社会　开创中国特色社会主义事业新局面》（2002 年 11 月 8 日），《江泽民文选》（第 3 卷），北京：人民出版社，2006 年，第 540 页。

② 习近平：《在 2018 年春节团拜会上的讲话》，《人民日报》2018 年 2 月 15 日。

二、辛勤劳动永不褪色

辛勤劳动作为一种传统美德，任何时代都不会过时。没有辛勤劳动，一切社会物质财富和精神财富都无从谈起；没有辛勤劳动，人类的生存与发展必然失去最基本的保障。一段时间以来，一些人忽视了劳动对推动人类历史发展的决定性意义，以为在市场经济条件下、在信息时代，劳动不再那么重要了，于是不重视劳动、不尊重劳动者。这些错误认识严重脱离了我国经济社会发展的实际。从理论上讲，工人阶级是劳动阶级，不论时代怎样变迁，不论社会怎样变化，辛勤劳动永不过时，在基层一线辛勤劳动的广大劳动者和工人阶级的地位和作用不会过时。

与发达国家相比，我们的经济、科技、文化、教育水平还比较落后，这就决定了我们必须辛勤劳动、艰苦奋斗。我国是一个发展中的大国，虽然是世界第二大经济体，但人均国内生产总值刚刚突破 1 万美元，在世界上仅处于中游，目前仍处于并将长期处于社会主义初级阶段。而且我国也是一个人口大国、劳动力大国，有 14 亿人口、9 亿劳动力，未富先老的人口老龄化问题突出，人们的收入水平还不高，生活还不富裕。解决中国一切问题的关键是发展，而发展最根本的是要靠劳动，尤其是辛勤劳动。特别是一些深度贫困地区，脱贫攻坚的任务十分繁重，脱贫基础还很脆弱，防止返贫的任务异常艰巨，治本之法归根结底还得靠辛勤劳动。习近平敏锐地指出：要弘扬中华民族传统美德，勤劳致富，勤俭持家。一个健康向上的民族，就应该鼓励劳动、鼓励就业、鼓励靠自己的努力养活家庭，服务社会，贡献国家。要改进工作方式方法，改变简单给钱、给物、给牛羊的做法，多采用生产奖补、劳务补助、以工代赈等机制，不大包大揽，不包办代替，教育和引导广大群众用自己的辛勤劳动实现脱贫致富。[①] 在社会主义初级阶段这样一个长期的发展过程中，我们要实现国家富强、民族振兴、社会进步、人民幸福，必然要求大家培养热爱劳动的意识，树立辛勤劳动的思想。

三、全社会都要树立辛勤劳动的理念

“坚志者，功名之主也；不惰者，众善之师也。”2019 年 2 月春节期间，习近平在北京一个快递服务点看望仍在工作的

① 习近平：《在深度贫困地区脱贫攻坚座谈会上的讲话》，《人民日报》2017 年 9 月 1 日。

“快递小哥”，同他们亲切握手，询问他们工作生活情况，指出“快递小哥”工作很辛苦，起早贪黑、风雨无阻，越是节假日越忙碌，像勤劳的小蜜蜂，是最辛勤的劳动者。习近平的这一举动，极大地鼓舞了全国广大辛勤工作在生产服务一线的劳动者。幸福不会从天降，美好生活靠劳动创造。光荣的桂冠从来都是用荆棘编成的。习近平指出：“实现中国梦，最终要靠全体人民辛勤劳动，天上不会掉馅饼！”[①]要加强对广大青少年的教育，让他们从小热爱劳动、热爱创造，通过劳动和创造播种希望、收获果实，也通过劳动和创造磨炼意志、提高自己，不要养成贪吃懒做、好逸恶劳、游手好闲、投机取巧、坐享其成等错误观念，这是真正关系我们民族发展的一个长远大计。“一勤天下无难事。”要牢固树立依靠劳动推动发展的理念，牢牢把握实体经济这一坚实基础，高度重视劳动，切实尊重劳动，鼓励创新创造，充分激发亿万职工的劳动热情和创造活力。激励人们艰苦奋斗、乐于吃苦，埋头苦干、艰苦创业。“实现中华民族伟大复兴的中国梦，要靠各行各业人们的辛勤劳动。现在，党和国家事业空间很大，只要有志气有闯劲，普通劳动者也可以在

① 《习近平关于实现中华民族伟大复兴的中国梦论述摘编》，北京：中央文献出版社，2013 年，第 86–87 页。

宽广舞台上展示自己的人生价值。”[①]

要破除妨碍劳动力、人才社会性流动的体制机制弊端，使人人都有通过辛勤劳动实现自身发展的机会。社会流动是指个人或群体从一个地方向另一个地方、从一种职业向另一种职业、从一个社会阶层向另一个社会阶层的转变。一个社会能够创造更多的纵向流动的机会，既是社会充满活力的象征，也是社会进步的表现。近些年来，社会阶层日趋固化、社会纵向流动性明显弱化，特别是中低阶层上升渠道狭窄，跨阶层纵向流动趋缓。2019 年 9 月 9 日，习近平主持召开中央全面深化改革委员会第十次会议审议通过了《关于促进劳动力和人才社会性流动体制机制改革的意见》，强调“要破除妨碍劳动力、人才社会性流动的体制机制弊端，使人人都有通过辛勤劳动实现自身发展的机会”[②]。通过改革，促进就业创业公平，推动国有单位公开公平公正择优录取人员，防止“近亲繁殖”，消除就业歧视政策，特别是针对农民工和女性劳动者的不合理就业限制；推动

① 习近平：《在知识分子、劳动模范、青年代表座谈会上的讲话》，北京：人民出版社，2016 年，第 9 页。

② 《习近平主持召开中央全面深化改革委员会第十次会议》，新华社，2019 年 9 月 9 日。

教育、医疗、社会保障、文化等基本公共服务的均等化，改革户籍制度，减少户籍对劳动力的束缚以及对人口流动的负面影响；促进教育公平，让更多的优质教育资源惠及农村地区和农民工子女，保障农民工子女就近就地入学；强化尊重知识、尊重劳动的激励机制，肯定人们辛勤劳动的价值，鼓励人们合法守法经营、勤劳实干，引导更多人特别是年轻人靠劳动致富、靠知识致富、靠创新致富，形成合理、公正、顺畅的社会纵向流动，提高人力资源配置效率，增强社会活力，促进社会公平正义。

第三节　大力倡导诚实劳动

习近平强调，“我们要在全社会大力弘扬劳动精神，提倡通过诚实劳动来实现人生的梦想、改变自己的命运，反对一切不劳而获、投机取巧、贪图享乐的思想”。[①]“诚实劳动”，指的是劳动的应有规范。如果一个人没有诚实的品格，一味地弄虚作

① 习近平：《在知识分子、劳动模范、青年代表座谈会上的讲话》，北京：人民出版社，2016 年，第 9–10 页。

假、坑蒙拐骗，不讲道德、罔顾法律，就会损害他人、集体甚至国家的利益，最终也使自己的劳动扭曲变质。只有人人诚实劳动，人与人之间才会充满诚信友善，实现社会和谐。

一、诚实劳动的理论分析

第一，诚实劳动坚持了实事求是的唯物主义原则。劳动实践是人类能动地改造客观世界的社会性的物质活动，具有直接现实性、自觉能动性、社会历史性。直接现实性是劳动实践的突出特点，劳动主体、劳动客体、劳动工具都是不以人的意志为转移的可感知的客观实在，凸显了劳动的唯物主义原则，客观上要求我们从事的劳动必须是诚实的劳动，一切不劳而获或虚假的劳动，都与诚实劳动的客观实在性相背离。

第二，诚实劳动受到客观规律的制约和限制。人的劳动尽管具有自觉能动性，能够创造出客观世界中不存在的事物，但无论人的创造性有多大，都必须在尊重客观规律的前提下予以创造，违背客观规律而进行的劳动实践不仅无益而且还要付出沉重代价。因此，人类通过劳动改造世界的广度、深度及其过程要受到客观环境、条件以及客观规律的约束。

第三，诚实劳动是劳动的客观现实性的本质要求。劳动实践的结果以客观存在的形式呈现。人类劳动改造客观世界的实践活动无论是遵循客观规律，还是违背客观规律；其劳动成果或大，或小；或益于人类，或损害社会；不管你承认也好，不承认也罢，它都将以现实的客观存在而存在。因此，劳动本身所具有的隐性的客观现实性，要求劳动者在显性的社会生活中必须恪守诚实劳动原则。习近平积极倡导诚实劳动，强调“在我们社会主义国家，一切劳动，无论是体力劳动还是脑力劳动，都值得尊重和鼓励；一切创造，无论是个人创造还是集体创造，也都值得尊重和鼓励”①。

二、诚实劳动的现实针对性

一方面，我国经济高速发展，社会加速转型，生活节奏加快，不少人像陀螺一样不停地转，人们的社会心理建设跟不上经济发展的脚步，社会整体急功近利倾向明显，有的人不屑于诚实劳动。一部分社会群体喜欢“山寨”，乐于仿制，不愿去研究，因为从实用主义角度讲，研制一个新东西远不及“山寨”来得效率快，大家愿意坐享其成，急的人生、急的心态与诚实

① 习近平：《在庆祝“五一”国际劳动节暨表彰全国劳动模范和先进工作者大会上的讲话》，北京：人民出版社，2015 年，第 5 页。

劳动形成了对立。互联网商业化的快速发展，物质利益至上，自我主义的泛滥，把人们的欲望无限扩大化，进一步加剧了社会浮躁的心态，对诚实劳动的空间形成了挤压。

另一方面，在经济发展过程中，劳动与收入不成正比，在实体经济中从事诚实劳动的人的收益与在虚拟经济中进行投机买卖的人的收益存在着巨大差距。人的社会性决定了他的劳动必须以社会的评价为标准，由于分配正义缺位，劳动成果长期得不到社会的尊重和认可，脚踏实地的劳动遭到了嘲弄和忽视，人们不愿意诚实劳动。加之一些经营者社会责任感缺失，不再认为自己的经营是需要面对大众、需要对大众负责的，反而一心想从国家获利、从他人身上获得好处，社会上“投机经济”盛行。这种发展状况持续累积，导致贫富分化严重、就业难、看病贵、享受教育不平等、权力分配不均、资源共享制度缺失等问题，给人们心理造成了极大的负面影响，诚实劳动面临巨大的困境。实践表明，贫富差距越大，人的浮躁心态就越强，不劳而获的欲望成为点燃人心浮躁的火把。习近平反复强调，“全社会都要以辛勤劳动为荣、以好逸恶劳为耻，任何时候任何人都不能看不起普通劳动者，都不能贪图不劳而获的生活”[①]“反对一切不劳而获、投机取巧、贪图享乐的思想”[②]。《中共中央国务院关于全面加强新时代大中小学劳动教育的意见》突出强调，“旗帜鲜明地反对一切不劳而获、贪图享乐、崇尚暴富的错误观念”。[③]

三、积极践行诚实劳动

中国发展的伟大成就是中国人民用自己的双手创造的，是一代又一代中国人诚实劳动、接力奋斗创造的。新中国的辉煌成就，就是他们用诚实的劳动干出来的，共和国的坚实大厦，就是他们用一砖一瓦砌成的。没有诚实的劳动，就没有创新创造；没有诚实的劳动，就没有我们今天的幸福生活。随着新技术新业态新模式的快速发展，劳动的具体形态千姿百态、层出不穷，但无论劳动形态怎样变化，用诚实劳动创造我们的美好生活，都是时代的最美音符，都是时代的最美风景。只有脚踏

① 习近平：《在庆祝“五一”国际劳动节暨表彰全国劳动模范和先进工作者大会上的讲话》，北京：人民出版社，2015年，第5页。

② 习近平：《在知识分子、劳动模范、青年代表座谈会上的讲话》，北京：人民出版社，2016年，第9–10页。

③《中共中央国务院关于全面加强新时代大中小学劳动教育的意见》，《人民日报》2020年3月27日。

实地劳动，真抓实干，埋头苦干，才能改变个人和集体的命运、改变一个地方和整个国家的面貌，才能创造出一个崭新的世界。

要努力营造鼓励脚踏实地、勤劳创业、实业致富的社会氛围，组织动员广大劳动群众立足本职岗位诚实劳动，用劳动成就伟业。无论从事什么劳动，都要干一行、爱一行、钻一行。在工厂车间，就要弘扬“工匠精神”，精心打磨每一个零部件，生产优质的产品；在田间地头，就要精心耕作，努力赢得丰收；在商场店铺，就要笑迎天下客，童叟无欺。在社会主义中国，只要踏实劳动、勤勉劳动，在平凡岗位上也能干出不平凡的业绩。正如习近平指出的：“人世间的美好梦想，只有通过诚实劳动才能实现；发展中的各种难题，只有通过诚实劳动才能破解；生命里的一切辉煌，只有通过诚实劳动才能铸就。”①

第四节　热情拥抱创造性劳动

习近平强调，“劳动者素质对一个国家、一个民族发展至关

① 习近平：《在同全国劳动模范代表座谈时的讲话》，《人民日报》2013年4月29日。

重要。劳动者的知识和才能积累越多，创造能力就越大”。[①] “创造性劳动”，指的是劳动的高级形态。劳动包括简单劳动和复杂劳动，复杂劳动是简单劳动的倍加，复杂劳动发展到一定阶段就成为创造性劳动。知识就是力量，凡是物质的力量透不进去的地方，知识的力量可以先透进去。创造性劳动具有鲜明的时代特征，是经济社会发展对劳动者提出的新要求。

一、创造性劳动是时代的要求

邓小平指出，“国力的强弱，经济发展后劲的大小，越来越取决于劳动者的素质，取决于知识分子的数量和质量”。[②] 为此他提出了“科学技术是第一生产力”的思想，为我国开启强国之梦注入了新活力。习近平指出，“面对日趋激烈的国际竞争，一个国家发展能否抢占先机、赢得主动，越来越取决于国民素质特别是广大劳动者素质”。[③] 如果一个人、一个社会、一个国

① 习近平：《在庆祝“五一”国际劳动节暨表彰全国劳动模范和先进工作者大会上的讲话》，北京：人民出版社，2015 年，第 9 页。

② 邓小平：《在全国教育工作会议上的讲话》，《十二大以来重要文献选编（中）》，北京：人民出版社，1986 年，第 718 页。

③ 习近平：《在庆祝“五一”国际劳动节暨表彰全国劳动模范和先进工作者大会上的讲话》，北京：人民出版社，2015 年，第 9 页。

家没有创造，只是简单、机械地重复已有的东西，那最多就是维持现状，根本谈不上前进和发展，到最后连现状都维持不了，因为“逆水行舟，不进则退”，在当代尤其如此。所以，必须深入实施科教兴国战略、人才强国战略、创新驱动发展战略，以促进国家发展和社会进步。

当前，我国经济已由高速增长阶段转向高质量发展阶段，正处在转变发展方式、优化经济结构、转换增长动力的攻关期，产能过剩和需求结构升级矛盾突出，产业发展面临的内外部环境发生深刻变化，实体经济特别是制造业困难增大，关键核心技术受制于人等瓶颈亟待突破。面对产业革命发展大趋势，必须加快做大做强实体经济和制造业，推动经济由“量大”转向“质强”，这既需要尖端技术和先进设备，更需要有一大批能把蓝图变为现实的能工巧匠和技术工人。我国产业工人近八成集中在制造业和建筑业，他们身处生产制造领域最前沿，在加快产业转型升级、推动技术创新、提高企业竞争力等方面具有基础性作用，在推动经济发展质量变革、效率变革、动力变革，提高全要素生产率等方面具有重要支撑作用。在现代科学技术飞速发展的今天，每一个劳动者都应该努力学习科学文化知识，既懂得技术又懂得实操，努力提高劳动技能和劳动熟练程度，为推动经济高质量发展贡献自己的智慧和力量。

二、高扬创造性劳动的理念

创造性劳动是通过人的脑力劳动萌发出技术、知识、思维的革新，从而高效提升劳动效率、产生出超值社会财富或成果的劳动。创造性劳动建立在开放性思维和挑战性实践的基础之上，需以扎实的学识和技能做支撑。习近平高度重视创造性劳动，近年来多次就弘扬创新精神、倡导创造性劳动作出重要指示、发表重要讲话。2013年7月21日至23日，习近平在湖北考察改革发展工作时指出："工业是我们的立国之本，要大力发扬自力更生精神，研发生产我们自己的品牌产品，形成我们自己的核心竞争力，推动国家繁荣富强，工人阶级要把这个历史责任承担起来！"[①]2014年6月23日，习近平在全国职业教育工作会议上指出："要树立正确人才观，培育和践行社会主义核心价值观，着力提高人才培养质量，弘扬劳动光荣、技能宝贵、创造伟大的时代风尚，营造人人皆可成才、人人尽展其才的良好环境，努力培养数以亿计的高素质劳动者和技术技能

① 《习近平：坚定不移全面深化改革开放　脚踏实地推动经济社会发展》，新华社，2013年7月23日。

人才。”[①]2013 年 4 月 28 日，习近平总书记在同全国劳动模范代表座谈时指出：“当代工人不仅要有力量，还要有智慧、有技术，能发明、会创新，以实际行动奏响时代主旋律。”[②]2016 年 5 月 30 日，在全国科技创新大会、两院院士大会、中国科协第九次全国代表大会上，习近平着眼科技事业长远发展，阐明人才在科技创新中的重要作用，就培养科技人才、建设创新人才队伍、调动全社会创新力量指明方向，为推进科技创新、实现创新发展涵养人才资源、厚植社会基础，再次明确提出了要“弘扬创新精神，培育符合创新发展要求的人才队伍”。[③]2020 年 7 月，习近平在吉林考察期间，与一汽集团职工代表亲切交流，强调一定要把关键核心技术掌握在自己手里，要求职工发奋图强、不负韶华，在推动东北振兴中奉献聪明才智，在实现中华民族伟大复兴中国梦的进程中书写壮丽的青春华章。习近平提

---

① 《习近平：加快发展职业教育　让每个人都有人生出彩机会》，新华网，2014 年 6 月 23 日。

② 习近平：《在同全国劳动模范代表座谈时的讲话》，《人民日报》2013 年 4 月 29 日。

③ 《全国科技创新大会　两院院士大会　中国科协第九次全国代表大会在京召开》，新华社，2016 年 5 月 30 日。

出“让劳动光荣、创造伟大成为铿锵的时代强音”，[①] 喊出了亿万国人的共同心声，激励人们勤奋学习，努力掌握现代科学技术知识，成长为新时代的高素质的劳动者。

三、为创造性劳动夯基垒台

第一，全社会都要贯彻尊重劳动、尊重知识、尊重人才、尊重创造的重大方针。劳动贵在创造，没有创造，劳动只能是简单的重复。创造也离不开劳动，没有劳动，创造只能是纸上谈兵。尊重劳动和尊重创造，离不开尊重知识和尊重人才。因为知识是劳动积累的经验，人才是掌握知识并善于运用知识的人，创造是人才在劳动中迸发的智慧火花。懂得尊重知识、尊重人才、尊重创造，首先必须懂得尊重劳动。全面贯彻尊重劳动、尊重知识、尊重人才、尊重创造的方针，不断增强全社会的创造活力，这对引领社会风尚的主流价值导向，进一步领导和团结全国各族人民，调动一切积极因素奋进新征程，具有极为重大的意义。社会主义事业是前无古人的美好事业，推动事业发展、实现美好蓝图，必须培育和

---

① 习近平：《在庆祝“五一”国际劳动节暨表彰全国劳动模范和先进工作者大会上的讲话》，北京：人民出版社，2015 年，第 4–5 页。

弘扬劳动创造的精神，必须紧紧依靠全体劳动人民的智慧和创造。

第二，弘扬创新精神、培育科技人才队伍。“功以才成，业由才广。”一切科技创新活动都是人做出来的。人才是创新的主体。建设世界科技强国，关键是建设一支规模宏大、结构合理、素质优良的创新人才队伍，激发各类人才创新创造的活力潜力。习近平指出：“要深化科技、教育、文化体制改革，深化人才发展体制改革，加快形成有利于知识分子干事创业的体制机制，放手让广大知识分子把才华和能量充分释放出来。要遵循知识分子工作特点和规律，减少对知识分子创造性劳动的干扰，让他们把更多精力集中于本职工作。”[①]2017 年 6 月，他在山西考察，在企业慰问一线职工，强调要强化要素投入和政策配套，推动产学研一体化，真正把企业、科研单位特别是广大科研人员的积极性和创造性激发出来，让他们既有科技创新的成就感，又有成果转化收益分享的获得感。[②] 科学研究是探索

① 习近平：《在知识分子、劳动模范、青年代表座谈会上的讲话》，北京：人民出版社，2016 年，第 6 页。

② 习近平：《在山西考察工作时强调　扎扎实实做好改革发展稳定各项工作　为党的十九大胜利召开营造良好环境》，《人民日报》2017 年 6 月 23 日。

规律、认识未知的创造性工作，具有灵感瞬间性、方式随意性、路径不确定性的特点。要允许科学家自由畅想、大胆假设、认真求证，不能用死板的制度约束科学家的研究活动。无用之用，堪为大用。众多科学研究需要着眼长远，不能急功近利。让各类科技人才竞相涌现，既需要营造良好学术环境，弘扬学术道德和科研伦理，在全社会营造鼓励创新、宽容失败的氛围，又需要加强知识产权保护，积极实行以增加知识价值为导向的分配政策，不断增强科研人员的获得感。

第三，建设知识型、技能型、创新型劳动大军。产业工人是工人阶级中发挥支撑作用的主体力量，是创造社会财富的中坚力量，是创新驱动发展的骨干力量，是实现制造强国战略目标的有生力量。创造性劳动是当代产业工人的使命，也是其价值所系。推进产业工人队伍建设改革，是以习近平同志为核心的党中央站在党和国家工作全局的战略高度作出的重大决策。2017 年 2 月 6 日，习近平总书记主持召开中央全面深化改革领导小组第三十二次会议时指出："要创新体制机制，提高产业工人素质，畅通发展通道，依法保障权益，造就一支有理想守信念、懂技术会创新、敢担当讲奉献的宏大的产业工人队伍。”[①]2019 年 9 月，习近平对我国技能选手在第 45 届世界技能大赛上取得佳绩作出重要指示：“技术工人队伍是支撑中国制造、中国创造的重要基础，对推动经济高质量发展具有重要作用。要健全技能人才培养、使用、评价、激励制度，大力发展技工教育，大规模开展职业技能培训，加快培养大批高素质劳动者和技术技能人才。要在全社会弘扬精益求精的工匠精神，激励广大青年走技能成才、技能报国之路。”[②]2020 年 11 月 24 日，习近平在全国劳动模范和先进工作者表彰大会上着重强调，“要适应新一轮科技革命和产业变革的需要，密切关注行业、产业前沿知识和技术进展，勤学苦练、深入钻研，不断提高技术技能水平”“要完善现代职业教育制度，创新各层次各类型职业教育模式，为劳动者成长创造良好条件……”“要增强创新意识、培养创新思维，展示锐意创新的勇气、敢为人先的锐气、蓬勃向上的朝气。要推进产业工人队伍建设改革，落实产业工人思想引领、建功立业、素质提升、地位提高、队伍壮大等改

① 《习近平主持召开中央全面深化改革领导小组第三十二次会议》，新华社，2017 年 2 月 6 日。

② 《习近平对我国选手在世界技能大赛取得佳绩作出重要指示》，新华社，2019 年 9 月 23 日。

革措施。造就一支有理想守信念、懂技术会创新、敢担当讲奉献的宏大产业工人队伍”[①]。这些重要指示，明确了产业工人队伍建设改革的总体思路、重要举措、目标要求，为推进改革指明了前进方向。能否拥有一支高素质的产业工人队伍，不仅关系到产业工人自身利益的实现，而且关系到能否在经济全球化、新一轮科技革命和产业变革中抢占先机、赢得主动，关系到工人阶级领导阶级地位的巩固和国家的长治久安。

① 习近平：《在全国劳动模范和先进工作者表彰大会上的讲话》，北京：人民出版社，2020年，第8页。

结　语

新时代劳动观指引我们从历史走向未来

新时代劳动观是一个内容广博、思想深刻、系统完整、逻辑严密的科学理论体系，体现了理论逻辑、历史逻辑、实践逻辑的有机统一，劳动情怀、人民情怀、家国情怀的有机统一，创新思维、辩证思维、系统思维的有机统一，具有鲜明的理论特质，为我们从历史走向未来提供了理论指引。

新时代劳动观是一个内容广博、思想深刻、系统完整、逻辑严密的科学理论体系，体现了理论逻辑、历史逻辑、实践逻辑的有机统一，劳动情怀、人民情怀、家国情怀的有机统一，创新思维、辩证思维、系统思维的有机统一，具有鲜明的理论特质，为我们从历史走向未来提供了理论指引。

在逻辑架构上，新时代劳动观是理论逻辑、历史逻辑、实践逻辑的有机统一体。从理论逻辑看，"劳动问题贯穿于马克思文本的始终，是马克思思想发展史中的一个重要的理论支点"①。马克思将抽象的哲学意义上的劳动回归现实意义的劳动，进而追求共产主义社会真正意义上的劳动。新时代劳动观是对马克思主义劳动学说的继承、发展和创新。它站在马克思主义劳动学说这一巨人之肩，融入了中国传统的智慧，加入了时代的元素，从当下中国的现实出发，分别从劳动历史、劳动价值、劳动正义、劳动幸福、劳动教育、劳动实践等六个维度做了极

① 王丽丽：《马克思劳动观的双重解释维度及其现代性反思》，《理论界》，2017 年第 7 期。

大的丰富、发展和完善，对马克思主义劳动学说做了时代性阐述、对新时代劳动问题给予创新性解答，把中国共产党人对劳动的认识提高到一个新高度。从历史逻辑看，新时代劳动观是对人类历史的整个进程的深层次分析和精准性把握，是对中国革命、建设、改革各个历史时期劳动经验的系统性梳理和创造性发展。它深刻地揭示出，从“人猿相揖别”时代到今日世界，劳动始终扮演着基础的角色，劳动开天辟地、翻天覆地、改天换地，创造了我们赖以生存的人类世界。在人类走向未来共产主义社会发展的高级阶段，劳动将继续战天斗地、顶天立地，担当核心角色。立足中国脚下这片土地，站在历史的山峰回眸，是劳动创造了泽被华夏的灿烂文明；面向新时代新征程眺望，也只有靠劳动才能铺就实现梦想的通衢大道。从实践逻辑看，新时代劳动观秉承了马克思主义理论的鲜明实践品格，不仅致力于科学解释世界，而且致力于积极改变世界。它来源于实践，又回应时代之问，将其理论思想运用于实践，并在实践中日臻完善，是对劳动实践活动规律性的深层次概括。习近平曾长期扎根基层，积极投入劳动人民群众火热的劳动生产实践，在他治国理政的伟大实践中，坚持用“中国特色社会主义事业大厦是靠一砖一瓦砌成的，人民的幸福是靠一点一滴创造得来的”[1]的理念，实现国家富强、民族振兴、人民幸福。新时代劳动观以其清晰的逻辑架构，实现了理论逻辑、历史逻辑、实践逻辑的统一，展现出鲜明的理论品质。

在情怀树立上，新时代劳动观是劳动情怀、人民情怀、家国情怀的有机统一体。从劳动情怀看，新时代劳动观继承了中华民族千百年来辛勤劳动的优秀品质，形成了对劳动的正确认知。新时代劳动观通篇都贯穿着尊重一切形式的劳动的思想，无论是体力劳动还是脑力劳动；尊重劳动者，无论是体力劳动者还是脑力劳动者；强调全社会都要尊重劳动、崇尚劳动、热爱劳动，进一步树立劳动意识、培养劳动观念，通过劳动创造更加美好的生活，激励新时代劳动者为实现个人价值和社会价值不懈奋斗。从人民情怀看，新时代劳动观始终强调人民群众是历史的创造者，坚持以人民为中心的发展理念，人民情怀贯穿新时代劳动观始终。新时代劳动观始终强调国之根本在民，人民创造历史，劳动开创未来。新时代劳动观注重发挥人民群众的主体地位，始终依靠人民群众来实现中华民族伟大复兴中

① 习近平：《在庆祝“五一”国际劳动节暨表彰全国劳动模范和先进工作者大会上的讲话》，北京：人民出版社，2015年，第4页。

国梦，主张共建共享劳动成果，让改革发展成果更多更公平惠及广大人民群众，坚持把全心全意为人民服务作为一切行动的根本出发点和落脚点，带领人民朝着共同富裕的方向前进。从家国情怀看，新时代劳动观充溢着家国情怀这一鲜亮的底色。强调劳动是实现个人幸福和民族复兴的根本推动力，以劳动为纽带，将人民群众自己的“小家”和国家这个“大家”紧密结合，将“个人梦”和“中国梦”紧密相连，以劳动建设“小家”“大家”，以劳动托起“个人梦”“中国梦”。新时代劳动观以其充满温度的情怀担当，实现了劳动情怀、人民情怀、家国情怀的融合，彰显了独特的理论魅力。

在思维方式上，新时代劳动观是创新思维、辩证思维、系统思维的有机统一体。从创新思维看，新时代劳动观发扬马克思主义与时俱进的理论品质，继承中华民族最深沉的民族禀赋，正确认识和妥善处理发展中遇到的各种难题，提出了许多有关劳动的创新性论述。如新时代劳动观提出了要大力弘扬劳模精神、劳动精神、工匠精神这“三大精神”，对其丰富的内涵进行了详尽的阐释，并指出了其与伟大的民族精神和时代精神之间，与社会主义核心价值观之间的逻辑联系，既是理论创新，也是实践创新。又如新时代劳动观劳动创造幸福的思想，“人民对美好生活的向往，就是我们的奋斗目标”的价值追求，回答了现实之问，具有鲜明的时代特色、实践特色。从辩证思维看，新时代劳动观体现在方方面面。如新时代劳动观大力倡导辛勤劳动、诚实劳动、创造性劳动、幸福劳动，如果说“辛勤劳动”是苦干、“诚实劳动”是实干、“创造性劳动”是巧干，那么“幸福劳动”就不仅仅是“干活”了，同时也应是“让劳动本身成为享受”，从而实现劳动的手段和目的的统一；仅仅讲“辛勤劳动、诚实劳动、创造性劳动”还远远不够，人类的劳动从来都不是为劳动而劳动，“幸福劳动”才是人类劳动追求的终极目标；“四个劳动”的思想轨迹始于“辛勤”，终于“幸福”，其间以“诚实”为行为规范，以“创造性”为智力支持，环环相扣，辩证统一。从系统思维看，新时代劳动观的主要内容涵盖了劳动历史、劳动价值、劳动正义、劳动幸福、劳动教育、劳动实践六大方面，是一个严密的理论体系。它们不是孤立的、静止的，而是相互联系、相互交织、相互促进，甚至互为主客体的关系，是典型的系统思维的理论成果。新时代劳动观提出，实现好、维护好、发展好广大劳动人民的根本利益是一个系统的工程，需要从政治、经济、文化、法律、行政等方面多措并举、多方发力、协同配合、一体推进。新时代劳动观以其科学的思维方式，实现了创新思维、辩证思维、系统思维的兼收并蓄，闪烁着耀眼的理论光芒。

马克思从劳动出发认识世界，创造了认识世界的新视角。改造世界、开创未来，也只能靠劳动。“为人民谋幸福、为民族谋复兴、为世界谋大同、为自然谋和谐”，是我们不变的初心，在通往共产主义终极美好的道路上，劳动将始终与我们如影随形。“批判的武器（理论）当然不能代替武器的批判（实践），物质力量只能用物质力量来摧毁；但是，理论一经掌握群众，也会变成物质力量。”[①] 新时代劳动观上述这些鲜明的理论特质，将为我们的实践探索留下一个完美的注脚。

---

① 马克思：《〈黑格尔法哲学批判〉导言》，引自《马克思恩格斯选集》第 1 卷，北京：人民出版社，1995 年，第 9 页。

参考文献

1.《马克思恩格斯全集》(第1卷)，北京：人民出版社，1956年。

2.《马克思恩格斯全集》(第3卷)，北京：人民出版社，1960年。

3.《马克思恩格斯全集》(第19卷)，北京：人民出版社，1963年。

4.《马克思恩格斯全集》(第16、18卷)，北京：人民出版社，1964年。

5.《马克思恩格斯全集》(第23卷)，北京：人民出版社，1972年。

6.《马克思恩格斯全集》(第42卷)，北京：人民出版社，1979年。

7.《马克思恩格斯全集》(第40卷)，北京：人民出版社，1982年。

8.《马克思恩格斯文集》(第1、4、5、9、10卷)，北京：人民出版社，2009年。

9.《马克思恩格斯选集》(第4卷)，北京：人民出版社，1972年。

10.《马克思恩格斯选集》(第1—3卷)，北京：人民出版社，1995年第2版。

11. 马克思：《资本论》(第4卷第1册)，北京：人民出版社，1975年。

12. 马克思：《资本论》(第1卷)，北京：人民出版社，2004年。

13. 马克思：《1844年经济学哲学手稿》，北京：人民出版社，2000年。

14. 马克思：《马克思博士论文　黑格尔辩证法和哲学一般的批判》，贺麟译，上海：上海人民出版社，2012年。

15. 马克思、恩格斯：《德意志意识形态》(节选本)，北京：人民出版社，2018年。

16. 恩格斯：《自然辩证法》，北京：人民出版社，2015年。

17.《列宁全集》(第29卷)，北京：人民出版社，1956年。

18.《列宁全集》(第2卷)，北京：人民出版社，1959年。

19.《列宁全集》(第 2 卷)，北京：人民出版社，1984 年。

20.《列宁全集》(第 55 卷)，北京：人民出版社，1990 年。

21. 列宁：《怎样组织竞赛？》，北京：人民出版社，1976 年。

22. 威廉·配第：《配第经济著作选集》，陈东野、马清槐、周锦如译，北京：商务印书馆，1981 年。

23. 亚当·斯密：《国富论》，杨敬南译，西安：陕西人民出版社，2001 年。

24. 大卫·李嘉图：《政治经济学及赋税原理》，郭大力、王亚南译，北京：商务印书馆，2013 年。

25. 诺曼·莱文：《马克思与黑格尔的对话》，北京：中国人民大学出版社，2016 年。

26.《毛泽东选集》(第 3 卷)，北京：人民出版社，1991 年。

27.《建国以来毛泽东文稿》(第 7 册)，北京：中央文献出版社，1992 年。

28.《毛泽东年谱（1949—1976）》(第 3 卷)，北京：中央文献出版社，2013 年。

29. 中华全国总工会、中共中央文献研究室：《毛泽东邓小平江泽民论工人阶级和工会工作》，北京：中央文献出版社，2002 年。

30.《邓小平文选》（第 1、2 卷），北京：人民出版社，1994 年。

31.《邓小平同志论教育》，北京：人民教育出版社，1990 年。

32.《习近平谈治国理政》（第 2 卷），北京：外文出版社，2017 年。

33.《习近平谈治国理政》（第 1 卷），北京：外文出版社，2018 年。

34.《习近平谈治国理政》（第 3 卷），北京：外文出版社，2020 年。

35. 习近平：《论中国共产党历史》，北京：中央文献出版社，2021 年。

36. 习近平：《摆脱贫困》，福州：福建人民出版社，1992 年。

37. 习近平：《之江新语》，浙江：浙江人民出版社，2007 年。

38.《十八大以来重要文献选编》（上），北京：中央文献出版社，2014 年。

39.《十八大以来重要文献选编》（中），北京：中央文献出版社，2016 年。

40.《十九大以来重要文献选编》（上），北京：中央文献出版社，2019 年。

41.《十八大以来重要文献选编》(下)，北京：中央文献出版社，2018年。

42.《中国共产党第十九次全国代表大会文件汇编》，北京：人民出版社，2017年。

43.《中国共产党第十九届中央委员会第五次全体会议公报》(2020年10月29日)。

44.《〈中共中央关于坚持和完善中国特色社会主义制度、推进国家治理体系和治理能力现代化若干重大问题的决定〉辅导读本》，北京：人民出版社，2019年。

45.《〈中共中央关于制定国民经济和社会发展第十四个五年规划和二〇三五年远景目标的建议〉辅导读本》，北京：人民出版社，2020年。

46. 中共中央宣传部：《习近平新时代中国特色社会主义思想学习纲要》，北京：学习出版社、人民出版社，2019年。

47. 中共中央宣传部：《习近平新时代中国特色社会主义思想学习问答》，北京：学习出版社、人民出版社，2021年。

48. 王东明：《团结动员亿万职工建功新征程：学习习近平总书记在全国劳动模范和先进工作者表彰大会上的重要讲话精神》，《求是》2020年第23期。

49. 陈刚：《凝聚职工群众奋进“十四五”的磅礴力量》，《人民日报》2021年4月29日。

50. 陈岱孙：《从古典经济学派到马克思：若干主要学说发展论略》，上海：上海人民出版社，1981年。

51. 中共湖南省科教工作委员会编：《马克思主义教育论著选读》，长沙：湖南出版社，1991年。

52. 艾福成：《马克思主义哲学著作研究》，长春：吉林大学出版社，2004年。

53. 余源培：《马克思主义哲学经典文本导读》，北京：高等教育出版社，2005年。

54. 涂晓今：《新编政治经济学》，北京：人民出版社，2009年。

55. 王文臣：《论马克思哲学的劳动概念与历史唯物主义》，上海：上海社会科学院出版社，2013年。

56.《梁家河》编写组：《梁家河》，西安：陕西人民出版社，2018年。

57. 张富文：《马克思主义人本思想中国化研究》，北京：人民出版社，2019年。

58. 杨冬梅、赵健杰：《劳模学概论》，北京：人民出版社，

2020年。

59. 郑功成:《就业、收入分配与社会保障:从慈悲到正义之路》,《社会保障制度》2002年第8期。

60. 徐强:《体面劳动:从理念到践行》,《光明日报》2015年3月24日。

61. 王瑞生:《建设中国特色社会主义的伟大力量:礼赞劳模精神、劳动精神、工匠精神》,《工人日报》2018年4月24日。

62. 胡文娟、李思楚:《国际劳工组织柯凯琳专访:实现所有人体面劳动的下一个100年》,《可持续发展经济导刊》2019年第4期。

63. 林思佳:《马克思早期思想中劳动的概念》,《法制与社会》2020年第5期。

64. 牛新星:《马克思劳动理论的四重维度及其意蕴》,《改革与战略》2020年第9期。

65. 黄云明、窦星辰:《马克思劳动内在结构理论的伦理分析》,《上海师范大学学报(哲学社会科学版)》2020年第4期。

66. 赵中乐:《马克思"异化劳动"理论的当代启示》,《理论观察》2020年第7期。

67. 高广旭、杨佳瑾:《论马克思劳动解放思想的政治哲学意蕴》,《长白学刊》2020 年第 4 期。

68. 张莉:《马克思幸福思想的“劳动—休闲”逻辑理路探析》,《重庆工商大学学报(社会科学版)》2021 年第 2 期。

69. 曲建利:《机器人生产的价值属性及社会价值——基于马克思主义劳动价值论》,《学理论》2020 年第 7 期。

70. 张莉:《马克思体面劳动观的价值逻辑与实践指引》,《山东社会科学》2020 年第 7 期。

71. 张兆麒:《马克思异化劳动理论的核心内容及当代价值》,《理论观察》2020 年第 6 期。

72. 胡杨、金瑶梅:《马克思的劳动观及其在新时代的创新发展》,《学术前沿》2020 年第 6 期。

73. 陆鹏飞:《论以劳动为核心的马克思实践哲学——从亚里士多德传统解读实践哲学》,《西南石油大学学报(社会科学版)》2020 年第 3 期。

74. 杨威涛:《马克思劳动幸福思想的特质与启示》,《福建教育学院学报》2020 年第 4 期。

75. 李芳、韩佳敏:《习近平劳动观的形成、主要内容及理论特质》,《湖北省社会主义学院学报》2020 年第 2 期。

后　记

党的十八大以来，以习近平同志为核心的党中央对工人阶级和工会工作高度重视，提出了一系列新思想新观点新论断，科学回答了工人阶级和工会工作的一系列方向性、根本性、战略性重大问题，形成了习近平总书记关于工人阶级和工会工作的重要论述，成为习近平新时代中国特色社会主义思想的重要组成部分，为推进新时代工运事业和工会工作提供了行动指南。

在多年的工作学习中，我对相关的文献资料进行了全面、系统的梳理，常学常新，每一次学习都有新的体会和收获；深深地感到习近平总书记关于工人阶级和工会工作的重要论述的内容丰富广博，深切地体会到习近平总书记鲜明的人民立场和深厚的劳动情怀，精神受到了很大的洗礼，有一种想写点东西的冲动。作为从事工会与劳动领域相关理论政策的研究者和工会人，我深感有责任、有义务对这一思想富矿进行系统梳理，从理论上进行深度挖掘，以飨读者。

研究过程中我发现，劳动思想是贯穿习近平总书记关于工人阶级和工会工作的重要论述的一条主线，对习近平新时代中国特色社会主义思想的形成也产生了巨大的影响。劳动是马克思“两个伟大发现”的基石，是马克思主义理论的核心范畴，是把社会主义从空想转变为科学的关键理论变量。新时代劳动观内容涵盖劳动历史、劳动价值、劳动正义、劳动幸福、劳动教育、劳动实践等六大方面，构成了一个逻辑严密、系统完整的理论图谱。它与马克思主义劳动观一脉相传，继承了其核心思想，同时又融入了中国元素、凸显了时代特点，创造性地发展了马克思主义劳动学说。研究新时代劳动观，对于进一步推进对习近平总书记关于工人阶级和工会工作的重要论述的学习，深化和拓展相关理论研究，开创新时代中国工会工作新局面，具有重要的理论意义和实践意义。

成书过程中，我的领导吕国泉主任和同事李羿、冯永光同志给我提供了大量文献资料，提出了许多宝贵的意见和建议，冯永光同志还对全书的重要参考文献进行了校订，中国工人出版社王娇萍社长、董宽总编辑对本书的撰写提出了许多好的建议，并一直积极地鼓励我，增强了我完成本书的信心和决心，使我能够在夜深人静的时候坚持写作。还有我的妻子和女儿，在我写作本书过程中，帮我分担了很多的家务，她们也是本书的第一读者，在此并致谢忱。

2021 年适逢中国共产党成立 100 周年。不揣冒昧，权且将本书作为我个人献给中国共产党百年华诞的一份薄礼。本书的题材是一个十分宏大的叙事，尽管我做了大量的前期准备工作，对其内容较为熟悉，就相关理论观点与业内同行进行了广泛的交流，但毕竟力有不逮，疏漏之处在所难免，恳请方家批评指正。

陶志勇

2021 年 2 月 5 日于北京天怡福园

图书在版编目（CIP）数据

新时代劳动观 / 陶志勇著. —北京：中国工人出版社，2021.8
ISBN 978-7-5008-7693-9

Ⅰ.①新…　Ⅱ.①陶…　Ⅲ.①中国特色社会主义—劳动观点—研究
Ⅳ.①B822.9

中国版本图书馆CIP数据核字（2021）第134990号

新时代劳动观

出 版 人	王娇萍
责任编辑	安　静　罗荣波
责任印制	栾征宇
出版发行	中国工人出版社
地　　址	北京市东城区鼓楼外大街45号　邮编：100120
网　　址	http://www.wp-china.com
电　　话	（010）62005043（总编室） （010）62005039（印制管理中心） （010）62382916（工会与劳动关系分社）
发行热线	（010）82029051　62383056
经　　销	各地书店
印　　刷	三河市东方印刷有限公司
开　　本	880毫米×1230毫米　1/32
印　　张	8.625
字　　数	140千字
版　　次	2021年8月第1版　2022年12月第3次印刷
定　　价	48.00元